동일본대지진과 핵재난 — 와세다 리포트 2

3·11쓰나미로 무엇이 일어났는가

피해조사와 감재(減災)전략

시바야마 도모야 지음
紫山知也
양민호 옮김

고려대학교출판부
KOREA UNIVERSITY PRESS

3·11津波で何が起きたか: 被害調査と減災戦略
柴山知也 著

머리말

저는 대학을 졸업한 후부터 지금까지 35년에 걸쳐 쓰나미와 해일, 그리고 높은 파도 때문에 초래된 연안 지역의 피해 구조를 해명하는 연구를 해 왔습니다. 특히 최근 7년 동안은 2004년 12월 인도양의 대大쓰나미를 비롯하여 2010년 칠레의 지진 쓰나미 등 거의 매년 거대한 쓰나미가 발생했기 때문에 현지 조사를 바탕으로, 쓰나미 때문에 생긴 피해 구조를 이해하기 위해 힘써 왔습니다. 이 중 인도양의 대쓰나미(사망자와 행방불명자를 합해 22만 명)와 미얀마의 나르기스(사망자와 행방불명자를 합해 13만 8000명)는 연안 지역의 주민이 전혀 예상치 못하고 있다가 뒤통수를 맞은 격으로 많은 인명 피해를 당하게 된 원인이 되었습니다.

그러나 이번 도호쿠東北 쓰나미의 경우에는, 몇 번이나 쓰나미의 습격을 받아 쓰나미에 대한 대비가 충분히 되어 있다고 생각했던 도호쿠 지방에서조차도 많은 인명 피해가 발생했습니다. 이번 쓰나미는 연구자들의 예상을 훨씬 뛰어넘은 규모로 지금까지의 쓰나미 연구를 근본부터 다시 생각하게 한 계기가 되었습니다.

일본 전국의 쓰나미에 대한 대비는 그리 충분하지 않습니다. 따라서 이번 쓰나미 피해지 이외의 연안 지역에서는 쓰나미의 피해를 줄이기 위한 대책을 수립하는 것이 앞으로의 커다란 과제로 남았습니다. 연안 지역 계획에 쓰나미 피해 예측을 충분히 적용하지 않았던 지역이라면 감재대책 마련이 쉽지 않을 것입니다. 지금부터 피해를 줄이기 위한 감재 대책을 마련하는 작업은 50년 후, 100년 후를 내다보며 조금씩 재해를 줄이는 데 힘을 쏟아 부어야 하는 기나긴 작업이 될 것이라고 생각합니다. 앞으로 저희 쓰나미 연구자는 지역 주민, 행정 담당자와의 협력을 통해 지역 연안의 방재 계획을 수립하기 위해 노력하고자 합니다.

2011년 12월
시바야마 도모야柴山知也

차례

제3장 미야기현, 후쿠시마현의 낮은 평지

제4장 이바라기현과 치바현

제5장 앞으로의 재난을 줄이기 위한 대책의 전개 — 구조물만으로는 인명을 구할 수 없다

서장

예상을 뛰어넘은 거대한 쓰나미

시작하며

해저에서 지진이 발생하면 지반이 상하 방향으로 변위変位하기 때문에 큰 파도가 발생하여 주변으로 퍼지게 됩니다. 일본 열도 주변에 포진해 있는 태평양판(plate), 필리핀해판, 북미판 등 여러 개의 해저판의 경계들은 거대한 해저 지진 발생의 원인이 되었고, 이에 일본은 역사적으로도 몇 번이나 쓰나미의 피해를 입어 왔습니다.

특히 도호쿠東北의 산리쿠三陸 지방 연안은 메이지明治 산리쿠 지진 쓰나미(1896년), 쇼와昭和 산리쿠 지진 쓰나미(1933년), 칠레 지진 쓰나미(1960년) 등 약 120년 동안에 3번이나 큰 쓰나미의 피해를 입은 지역으로, 만구湾口 쓰나미 방파제, 쓰나미 방조제, 쓰나미 피난 빌딩 등 몇 겹의 대책을 강구해 온 지역입니다. 그러나 2011년 3월 11일의 도호쿠 지방의 쓰나미(도호쿠 지방 태평양 앞바다의 지진 쓰나미, 이하 도호쿠 쓰나미라고 칭함)에서는 쓰나미의 크기가 예상한 것보다도 훨씬 더 컸기 때문에 쓰나미가 내습来襲했을 때에는 지역 사회를 지키는 마지막 보루였던 방조제가 각지에서 파괴되거나, 파괴되지 않은 방조제마저 쓰나미가 이를 뛰어넘어 마을을 덮쳐 버렸습니다. 이번 쓰나미로 확실해진 점은 거대한 쓰나미가 주거지를 덮치면 방조제 등의 구조물만으로 주거지를 지키는 것이 어려워지며, 가능한 한 빨리 높은 곳으로 피난해야 한다는 사실입니다.

1. 쓰나미의 높이와 피해

필자는 쓰나미의 발생 직후부터 본인을 단장으로 하는 와세다早稲田대학 조사단을 편성하여 쓰나미의 피해 실태를 조사해 왔습니다. 〈그림 1〉은 조사 결과 중 쓰나미 침수고浸水高의 분포도를 나타낸 것입니다. 쓰나미의 침수고란 각각의 지점을 통과한 쓰나미의 높이를 쓰나미가 내습하기 전의 해수면(쓰나미가 없는 경우의 조위潮位 즉 평상 조위)과 비교한 차이를 나타낸 것으로, 잔존한 건물의 벽이나 수목에 남겨진 흔적을 통해 추정할 수 있습니다. 한편 쓰나미의 조상고遡上高는 육상에 범람한 쓰나미가 사면을 타고 올라가 가장 높은 지반고地盤高의 언덕까지 도달한 경우의 높이를 쓰나미가 내습했을 때의 해수면과의 차이로 표시한 것입니다. 동일 지역을 비교하면 조상고 쪽이 침수고보다 높이가 높습니다. 이 2가지의 수치는 종종 혼동하는 경우가 있지만, 침수고는 각각의 장소에서 쓰나미의 움직임을 나타내는 것으로, 특히 해안선에서 침수고의 연안 방향에 대한

그림 1. 와세다대학 조사단 침수고 계측 결과(시바야마 등, 2011)

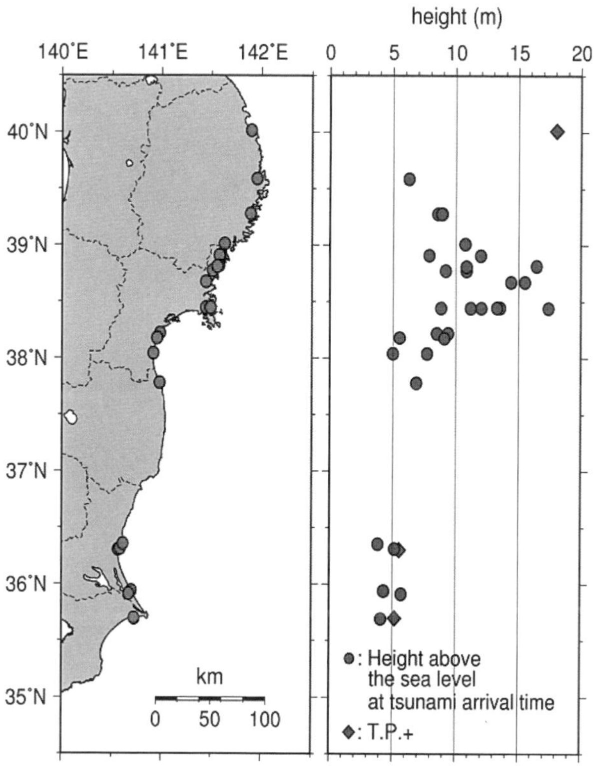

그림 안의 ●는 침수고(쓰나미가 내습했을 때 해수면으로부터의 높이)를 나타내고 ◆는 측량 원점에서 측정한 T.P.(도쿄만 평균 해면)로부터의 높이를 나타낸다.

분포를 살펴보면, 도호쿠東北 지방 연안 전역의 쓰나미 내습 분포 등과 같은 쓰나미의 광역적인 움직임을 파악할 수가 있습니다.

한편 조상고는 모든 운동 에너지를 위치 에너지로 변환한 상태에 대응하므로 쓰나미가 가지고 있던 총 에너지의 크기를 추정하는 데에 쓰입니다. 예를 들면 도호쿠 쓰나미 당시에 후쿠시마福島 제

그림 2. 쓰나미의 침수심浸水深, 침수고, 조상고의 관계

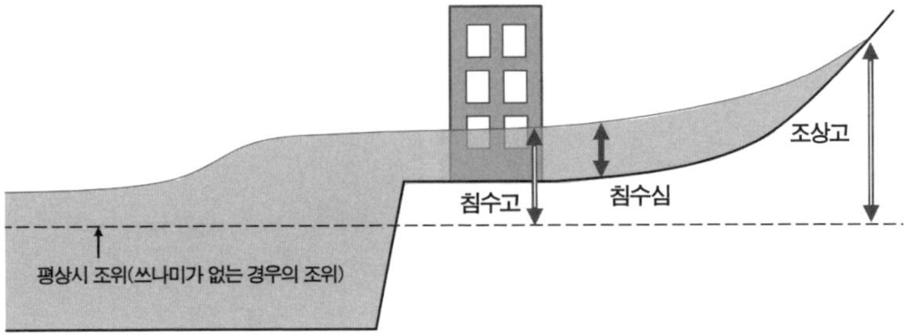

1 원자력 발전소에서 '15미터의 쓰나미'라고 불리는 것은 조상고를 뜻하는 것이지 해안선에서의 침수고를 나타내는 것은 아닙니다. 또 흔적고痕跡高는 쓰나미 조사를 통해 쓰나미의 흔적을 측정한 것으로 침수고와 조상고 양쪽을 모두 포함하고 있는 단어입니다.(그림 2)

도호쿠 쓰나미에서 쓰나미의 침수고는 산리쿠의 리아스식 해안에서 대략 15미터를 넘었기 때문에 미야기현宮城県 남부부터 후쿠시마현福島県에 걸친 낮은 평지에서의 침수고는 7-8미터, 이바라기현茨城県과 치바현千葉県에서는 대략 5미터 정도였던 것을 알 수 있었습니다. 현재는 이와테현岩手県에서 치바현까지 광범위한 지역에서 쓰나미로 인해 가옥의 유출流出, 항만시설의 파괴, 배가 육지로 떼밀려 오는 등의 피해가 발생했습니다. 또 특히 후쿠시마현, 미야기현, 이와테현의 쓰나미 피해 조사 지점에서는 제방과 방파제의 붕괴, 침식에 의한 해안선의 후퇴가 많이 발견되어 이에 대한 대책 마련이 시급합니다.

2. 과거 쓰나미와의 차이

이번 쓰나미 피해 조사에서는 일본의 거의 모든 쓰나미 연구자들이 도호쿠 지방의 태평양 앞바다 지진 쓰나미 공동 조사 그룹으로 결성되어, 필자 등 와세다대학 그룹의 조사 결과를 포함한 모든 데이터를 모아서 검토할 수 있었습니다. 〈그림 3〉은 조사 그룹 전체의 계측 결과를 하나의 그림으로 정리한 것입니다. 또한 이 결과는 메이지 산리쿠 지진 쓰나미와 쇼와 산리쿠 지진 쓰나미의 침수고를 훨씬 넘어서고 있어 메이지 산리쿠 지진 쓰나미의 침수고에 필적하거나 그 이상의 침수고였다는 것을 알 수 있었습니다. 또 메이지 산리쿠 쓰나미가 산리쿠 해안 주변으로 한정되어 있던 것에 비해 이번 쓰나미는 아오모리현青森県에서 치바현에 걸친 넓은 지역에 영향을 끼치고 있고, 특히 미야기현 센다이시仙台市 연안 부분에서 후쿠시마현 소마시相馬市에 이르는 연안의 낮은 평지에까지 크나큰 피해를 낸 것이 특징입니다. 이런 낮은 평지에서의 피해는 일본의 경우, 1946년의 난카이南海 지진 쓰나미 이후로는 처음입니다.

〈그림 3〉은 산리쿠 지방의 리아스식 해안 지역에서 발생한 도호쿠 쓰나미로 메이지 산리쿠 쓰나미에 버금가는 높이였기 때문에 115년 만에 두 번째로 일어난 거대한 쓰나미라고 할 수 있습니다. 한편 센다이 평야부터 남쪽의 낮은 평지를 덮친 쓰나미는 869년에 내습한 조간貞観 지진 쓰나미 이후로 가장 큰 쓰나미인 셈입니다.

그림 3. 합동조사 그룹의 침수고 계측 결과와 메이지 산리쿠 지진 쓰나미, 쇼와 산리쿠 지진 쓰나미 비교

〔통일 보정 데이터(쓰나미 합동조사 그룹)〕(릴리스 2011.8.26. 판)

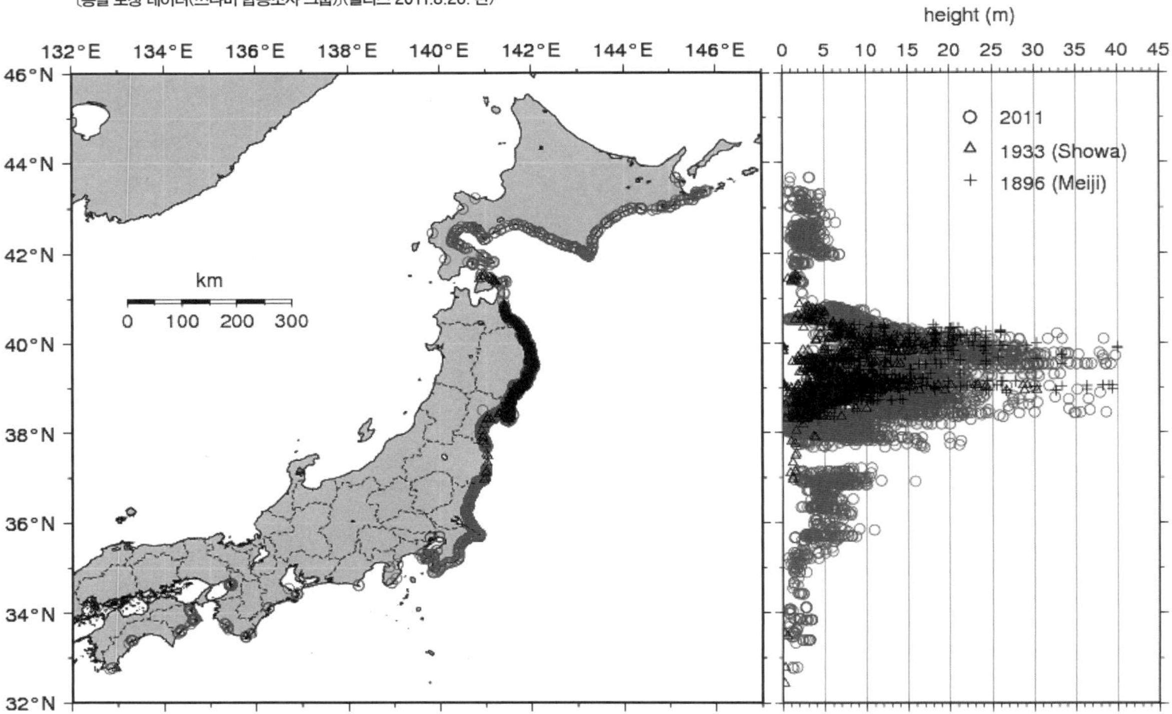

1933년 쇼와 산리쿠 지진 쓰나미, 1896년 메이지 산리쿠 지진 쓰나미 흔적고는 쓰나미 흔적 데이터 베이스(도호쿠 대학 원자력 안전 기반 기구)로 작성한 그림.

3. 조사의 개요

제2장부터 제4장까지는 와세다대학 조사단의 조사 결과에 합동 조사 그룹의 데이터를 더하여 도호쿠 지방의 태평양 앞바다에서 발생한 지진 쓰나미 피해에 대해 설명하겠습니다. 와세다대학 조사단의 제1차 현지 조사는 3월 15일과 16일에는 이바라기현과 치바현, 3월 25일부터 28일까지는 미야기현과 후쿠시마현에서 실시하였습니다. 각 조사 지점에서는 주로 쓰나미 흔적고의 계측을 실시하였습니다.

쓰나미 침수고의 계측은 먼저 GPS로 조사 지점의 위도와 경도를 기록한 후에 레이저 거리계와 프리즘 및 스태프를 활용하여 조사 시각의 해면을 기준으로 한 높이를 계측합니다. 쓰나미 흔적고의 조사 지점과 결과는 앞서 언급한 〈그림 1〉과 다음 페이지의 〈표 1〉에 제시되어 있습니다. 이 두 개의 도표는 와세다대학과 미국 토목학회(ASCE)가 협력하여 실시한 현지 조사(이와테현, 4월 17일과 18일)에서 계측한 침수고도 포함하여 표시하고 있습니다. 침수고의 수치(표 중 T.P.로 표시된 것은 도쿄만東京湾 평균 해면으로부터의 수치로, 예외입니다)는 제1파 내습 추정 시각의 해면의 높이에 조위潮位를 보정해서 표시하고 있습니다.

이 조사 데이터의 정리는 저희 연구실의 대학원생인 미카미三上貴仁 군이 담당하였습니다. 그는 2009년에 졸업 논문을 쓰기 위해 저희 연구실에 배정된 후, 2009년의 사모아 제도 앞바다에서 발생한 지진 쓰나미, 2010년 칠레의 지진 쓰나미, 같은 해 인도네시아

표 1. 쓰나미 흔적고 조사 결과(와세다 조사단 시바야마 등 2011)

지명	북위	동경	침수고(m)	흔적 종류
오오아라이大洗	36°18′04.1″	140°33′45.4″	T.P.+5.53	ML
오오아라이	36°18′39.7″	140°35′01.8″	5.18	ML
히라이소平磯	36°21′17.9″	140°36′43.4″	3.87	ML
가시마항鹿島港	35°56′18.0″	140°41′57.8″	4.33	DB
가시마항	35°54′39.8″	140°40′16.2″	5.70	ML
이이오카항飯岡港	35°41′32.9″	140°43′47.8″	4.11	ML
이이오카	35°41′49.9″	140°43′35.2″	T.P.+5.20	ML
센다이시仙台市 와카바야시구若林区	38°13′06.1″	140°59′06.2″	9.38	BB
센다이시 와카바야시구	38°13′07.8″	140°59′04.7″	8.49	SD
센다이시 와카바야시구	38°10′50.5″	140°57′25.5″	5.55	SD
오나가와항女川港	38°26′44.0″	141°26′41.2″	13.53	ML
오나가와항	38°26′45.7″	141°26′38.4″	13.28	DB
오나가와항	38°26′36.7″	141°26′44.5″	17.42	ML
오나가와초女川町 다케우라竹浦	38°26′35.8″	141°29′18.4″	8.84	DB
오나가와초 다케우라	38°26′34.3″	141°29′15.4″	12.02	DB
오나가와초 다케우라	38°26′36.8″	141°29′26.4″	11.17	DB
시즈가와志津川	38°40′25.6″	141°26′42.2″	14.39	DB
시즈가와	38°40′25.0″	141°26′43.8″	15.50	SD
모토요시초本吉町 나카지마中島	38°46′20.5″	141°30′43.6″	9.19	DB
모토요시초 나카지마	38°46′20.0″	141°30′42.7″	10.84	BB
게센누마항気仙沼港	38°54′35.6″	141°35′01.8″	7.89	DB
게센누마항	38°54′25.7″	141°34′46.5″	11.98	BB
나토리시名取市 유리아게閖上	38°10′28.3″	140°57′24.1″	9.09	DB
와타리초亘理町 아라하마荒浜	38°02′13.1″	140°55′09.4″	5.00	DB
와타리초 아라하마	38°02′14.0″	140°55′14.5″	7.71	BB
소마시相馬市 이소베磯部	37°46′42.1″	140°58′52.6″	6.86	SD
후다이무라普代村	40°00′44.0″	141°53′48.3″	T.P.+18.05	ML
미야코시宮古市	39°35′14.7″	141°57′11.6″	6.27	ML
가마이시시釜石市	39°16′26.7″	141°53′21.0″	8.57	ML

흔적 종류에서 BB, SD, ML, DB는 각각 꺾인 나뭇가지, 구조물의 피해, 벽면 침수선, 파괴물의 파편을 나타낸다. 오오아라이大洗와 이이오카飯岡 두 지점의 높이는 10미터 메시(mesh) 표고 데이터(국토 지리원, 지진 피해 전 등고선을 기준)를 이용해 산출하였다. 따라서 다른 데이터와 정확도가 다를 가능성이 있다. 후다이무라普代村에서의 높이는 수문 측면에 남아 있는 T.P.표고를 기준으로 산출했다.

멘타웨이섬의 지진 쓰나미, 2011년 도호쿠 쓰나미 등 모든 쓰나미 조사에 참가하여 데이터를 모아 분석하고, 실측 결과를 수치 시뮬레이션으로 재현하는 작업도 하고 있습니다.

제 1 장

이와테현岩手県의 리아스식 산리쿠三陸 해안

들어가며

이와테현岩手県 북부의 구지항久慈港은 방파제의 높이를 넘어 쓰나미가 유입되는 바람에 항구 주변을 중심으로 한 시가지가 피해를 입었습니다. 〈사진 1-1〉은 쓰나미에 의해 구지항의 방파제로 떼밀려 온 테트라포드〔消波工〕입니다. 한편 후다이무라普代村에서는 15.5미터 높이의 쓰나미 방조 수문이 효과를 발휘한 덕분에 수문 윗부분에는 쓰나미가 통과한 흔적은 남아 있으나 수문 자체는 건재하여 상류에 있는 마을 중심부는 피해를 면할 수 있었습니다. 〈사진 1-2〉는 수문을 상류 쪽에서 본 것으로 물이 넘쳐 수문 뒤의 작업 통로가 파괴되어 있는 것을 확인할 수 있습니다.

곧이어 〈그림 1-1〉에서 제시한 미야코시宮古市 다로田老 지구에서 오후나토시大船渡市의 현황에 대하여 언급하겠습니다. 사용된 데이터는 앞서 언급한 것과 같이 와세다대학의 조사 결과와 도호쿠 지

사진 1-1. 구지항에 떠오른 테트라포트

사진 1-2. 쓰나미 통과 후 후다이무라의 방조 수문

그림 1-1. 이와테현 남부 연안의 주요 지점

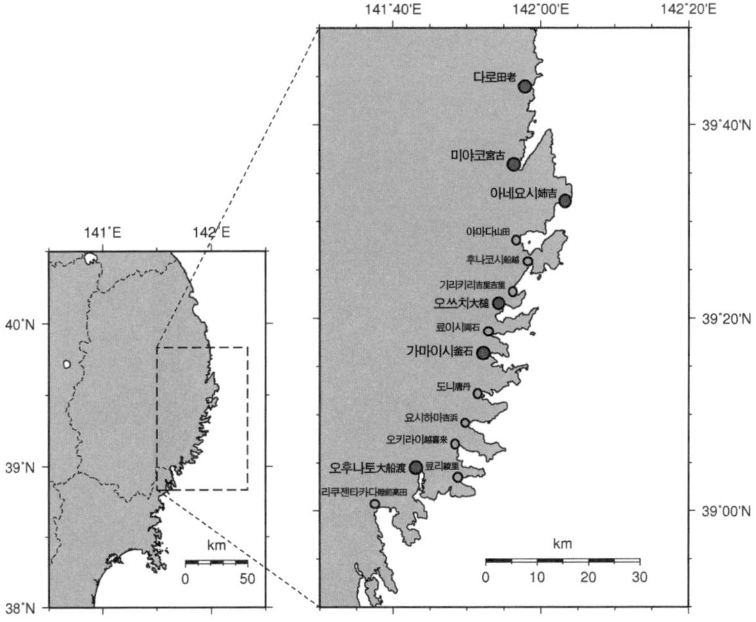

방의 태평양 앞바다 지진 쓰나미 합동 조사 그룹의 종합 데이터입니다. 그림에서 특히 큰 동그라미로 표시한 다로田老, 미야코宮古, 아네요시姉吉, 오쓰치大槌, 가마이시釜石, 오후나토大船渡를 중심으로 각 지역에 대하여 상세히 언급하도록 하겠습니다.

1. 미야코시宮古市 다로田老 지구

미야코시宮古市 다로田老 지구는 메이지 산리쿠 지진 쓰나미, 쇼와 산리쿠 지진 쓰나미로 큰 피해를 입었었기 때문에 높이가 10미터에

그림 1-2. 다로 지구 흔적고 분포

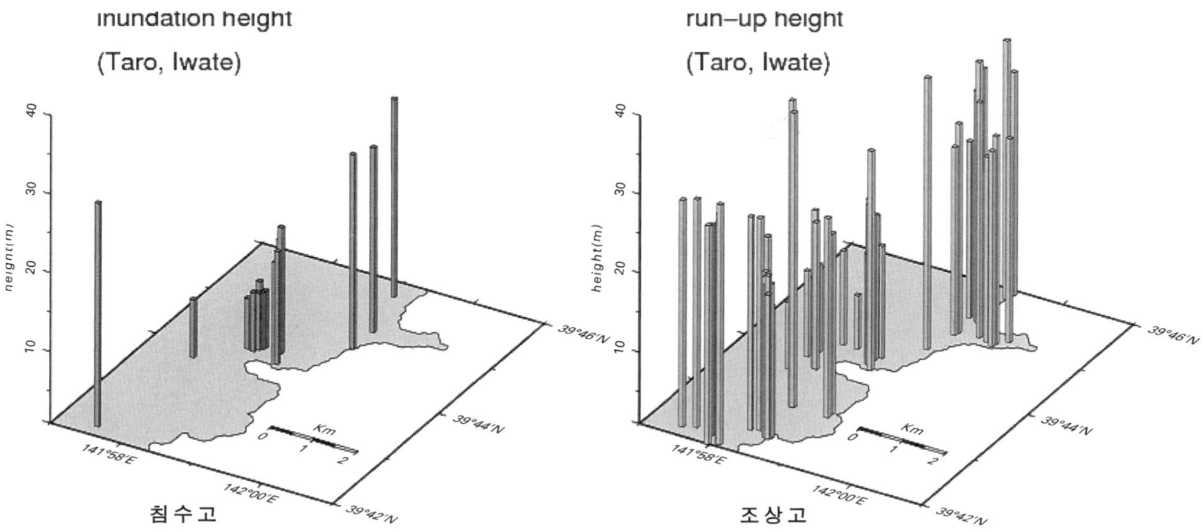

쓰나미 흔적고는 통일 보정 데이터(도호쿠 지방 태평양 지진 쓰나미 합동조사 그룹 릴리스 20110826판)에 의한 것.

사진 1-3. 다로 지구에서 붕괴된 방조제의 잔해

달하는 X자형 이중 쓰나미 방조제를 건설하여 내습에 대비하고 있었습니다. 그러나 이번 쓰나미에서 일부 방조제가 파괴되었고, 남은 방조제도 물이 넘쳤기 때문에 주거 지역이 크나큰 피해를 입었습니다.

〈그림 1-2〉를 보면 다로 지구 북부의 반도부에서는 조상고가 35미터에 달하고 있고, 만 안쪽의 조상고와 침수고는 어항 근처에

서 15미터를 넘고 있어 이번 쓰나미는 메이지 산리쿠 지진 쓰나미의 침수고를 넘어서고 있습니다. 단, 방조제 내의 침수고는 방조제가 어느 정도 쓰나미를 막아 냈기 때문에 10미터 이하로 낮게 나왔습니다. 〈사진 1-3〉은 북부 바깥쪽의 방조제가 파괴된 후의 잔해 사진으로 큰 외력에 의해 방조제의 본체가 해체되어 있는 모습을 확인할 수 있습니다. 두 겹의 방조제 안쪽에서 작은 슈퍼마켓을 운영하고 있던 중년 여성에게 물어보니 "어린 시절부터 지진이 오면 방파제를 넘어 쓰나미가 온다고 교육을 받았기 때문에 지진이 발생하면 바로 가게를 닫고 손님들을 피난하도록 한 후에 피난 장소로 정해진 아카누마산赤沼山(취락 뒷동산)으로 도망쳤습니다. 늦게 도망치는 바람에 쓰나미가 밀려와 동산 입구 부근에서 도움을 요청하는 사람도 있었습니다. 문을 잠근 가게는 건물이 통째로 쓸려 내려가 지금 남편과 함께 찾아다니고 있습니다. 생각지도 못한 곳까지 흘러가 버린 경우도 있다고 하여 마을 곳곳을 찾아다니고 있습니다"라고 대답했습니다.

2. 미야코시宮古市

〈그림 1-3〉에 제시한 것과 같이 미야코 어항 주변에서는 침수고가 약 10미터 정도로 쓰나미 방조제의 높이를 넘어 버렸습니다. 방조제를 넘은 물은 제방 뒷부분 지반을 침식시켜 방조제가 붕괴된 지역도 나타났습니다. 만 밖의 조상고는 35미터를 넘었고 만 안쪽

그림 1-3. 미야코시의 흔적고 분포

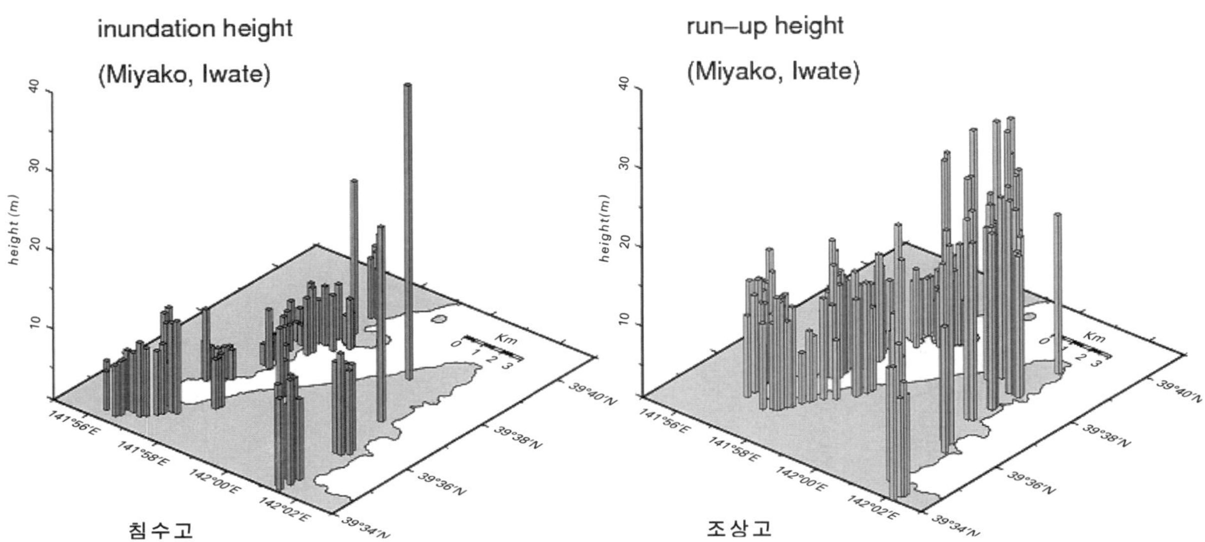

쓰나미 흔적고는 통일 보정 데이터(도호쿠 지방 태평양 지진 쓰나미 합동조사 그룹 릴리스 20110826 판)에 의한 것.

사진 1-4. 미야코 시가지로 떼밀려 들어온 어선

의 침수고는 약 10미터였습니다. 미야코 어항과 시가지는 만 안쪽이 아닌 만 입구 부분에 위치하고 있기 때문에 쓰나미의 에너지가 점점 집중되는 만 안쪽 부분에 비해 침수고가 낮았습니다. 〈사진 1-4〉에 나타난 것처럼 미야코 시가지에는 많은 어선이 육지로 떼밀려 와 있고, 이 표류물들이 주택에 충돌하여 파괴된 경우가 많습니다.

그림 1-4. 아네요시 지구의 흔적고 분포

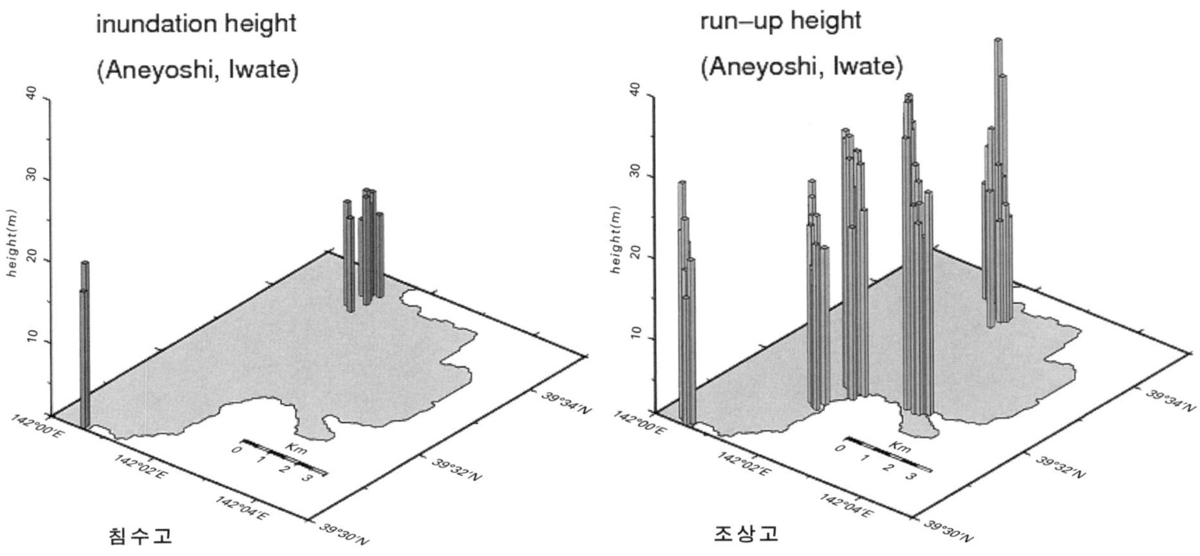

쓰나미 흔적고는 통일 보정 데이터(도호쿠 지방 태평양 지진 쓰나미 합동조사 그룹 릴리스 20110826판)에 의한 것.

3. 미야코시宮古市 아네요시姉吉 지구

미야코시 아네요시 지구는 작은 만의 가장 안쪽 부분에 위치하고 있어 쓰나미의 에너지가 집중되기 쉬운 지형적 특징을 가지고 있습니다. 메이지 산리쿠 지진 쓰나미 때에도 괴멸적인 피해를 입었습니다만, 〈그림 1-4〉를 보면 이번에도 어항 지구는 약 39미터의 조상고를 기록하여 어항과 캠프장을 괴멸시켰습니다. 이 지구는 쓰나미를 경고하는 비석(사진 1-5)으로 유명합니다. 비석에는 다음과 같이 씌어 있습니다.

> 높은 주거지는 자손의 화목
> 기억하라. 참화의 큰 쓰나미
> 　여기보다 밑에 집을 짓지 마라
> 　메이지 29년에도, 쇼와 7년에도
> 쓰나미는 여기까지 와서
> 　부락은 전멸하고, 생존자, 저 앞에 2명 뒤에 4명뿐
> 　몇 년이 지나도 조심하라

다행히 취락들은 높은 곳으로 이전하여 70미터 정도의 언덕 위에 형성되어 있기 때문에 인가의 피해는 면할 수 있었습니다. 취락 지역으로 이어진 도로도 중간까지 쓰나미가 거슬러 올라오고 어항에서부터의 도로변에는 수목이 쓰러져 있어 스산한 풍경이 펼쳐지고 있습니다.

아네요시 취락 조사에서는 인터뷰를 하였습니다. 쇼와 산리쿠

사진 1-5. 쇼와 산리쿠 쓰나미 이후에 만들어진 아네요시 지구의 비석

지진 쓰나미를 경험한 분이 계셨습니다. 제가 인터뷰한 분은 100세가 된 어부입니다. 100세의 어부께서는 이웃에 70세가 되는 어부 아드님과 61세의 며느님을 두고 계셨습니다. 이들 세 분의 가족과 이야기를 하고 있을 때에 100세의 아버지는 쇼와 산리쿠 지진 때 자신은 고기를 잡으러 바다에 나가 있었다고 했습니다. 쇼와 산리쿠 지진은 주민들의 기억 속에 남아 있었고 여기까지 쓰나미는 오지 않았기 때문에 괜찮다고 생각하는 분도 계셨습니다. 그러나 〈그림 3〉의 쇼와 산리쿠 지진(△) 데이터와 비교해 보면, 이번 도호쿠 쓰나미(◯) 쪽이 훨씬 쓰나미의 높이가 높았기 때문에 쇼와 산리쿠

지진의 경험을 앞질렀다고 할 수 있습니다. 2만 명에 이르는 희생자가 나온 것은 쓰나미 지역이 광범위하다는 것과 경험자가 생존해 있는 쇼와 산리쿠 지진과 칠레 쓰나미(1960년) 때보다 심했다고 하는 2가지 요인이 있었다고 생각됩니다.

산리쿠 해안에는 각 지역의 만 하나 하나에 작은 어항이 있습니다. 아네요시 지구도 그중 하나입니다만, 70세의 아드님에게 "이제부터 생활은 어떻게 하실 생각이십니까?" 하고 여쭈어 보니, "그렇게 물어보셔도……, 여기서 고기잡이를 하고 있는 사람은 7-8명 정도입니다. 어항이 부서졌다고 해서 어부가 7-8명밖에 없는데 다시 어항을 만들어 달라고는 못하지요"라고 말씀하시는 것입니다. 그 말씀이 일견 맞다고 생각되지만, 그렇다고 해서 그 어부가 이제부터 어떻게 생활해 갈 것인가 하는 문제를 방치할 수는 없습니다.

어항을 집약화한다고 하는 안이 검토되고 있는데, 이 집약화는 가능하다고 생각합니다. 높은 곳으로 이전한 어촌은 쓰나미 전에도 어항까지 차로 다니고 있었던 것입니다. 건강하다면 70세의 할아버지 할머니도 차로 어항까지 다니고 있는 것이 현실이기 때문에 어느 정도는 집약화할 수 있다고 생각합니다. 지금 도호쿠 지방에서 실시되고 있는 것은 무엇을 할 수 있고 무엇을 할 수 없는가를 확실하게 해 나가는 과정이기 때문에 그것을 확실히 연구자의 입장에서 분석해 나갈 필요가 있다고 생각합니다.

"여기보다 아래에 집을 짓지 마라"라고 새겨진 비석에 대해 여쭈어 보니 "아, 그것은 튀어나온 겁니다"라고 했습니다. 쇼와 산리쿠 쓰나미 때에 작성된 비석은 숲 속에 묻혀 있어 잊혀져 있었지만 도로를 확장하는 공사를 하고 있는 곳에서 발견되어 현재와 같이 도로 옆에 다시 놓았다고 합니다. 이것을 보더라도 재해 경험을 후세에 전하기 위해서는 많은 과제가 남아 있다고 생각합니다.

아네요시 취락에서는 쇼와 산리쿠 쓰나미로 겨우 4명 밖에 생존하지 못했기 때문에 주변 지역에 시집을 간 사람의 자손 등과 같은 혈연자를 양자로 들여 집안을 재건했다고 합니다. 앞서 언급한 100세의 어부는 이때에 근처 취락의 사위로 집안을 재건하기 위해 이주해 왔다고 아드님이 말씀해 주셨습니다.

4. 가미헤이군上閉郡 오쓰치초大槌町

가미헤이군 오쓰치초은 마을 중앙을 흐르는 오쓰치가와(강)大槌川를 따라 쓰나미가 거꾸로 거슬러 올라가 각지에서 하천 제방을 넘어 육상에 범람하였습니다. 〈그림 1-5〉에 제시한 것과 같이 마을 내의 침수고浸水高는 10미터를 넘고 있습니다. 만 안에서는 침수고가 15미터를 넘어 해안 제방이 파괴되어 있는 곳도 있습니다. 일본 연안 지역에서는 하천이 옮겨 온 토사로 형성된 낮은 평지에 살고 있는 인구가 많고, 주택도 밀집해 있습니다. 따라서 하천을 거슬러 올라가 제방을 넘어 흘러들어 와 주택을 쓸어 버리는 쓰나미에 대한 대책이 중요한 과제입니다. 〈사진 1-6〉은 가미헤이군 오쓰치초 안쪽으로 떼밀려 온 유람선의 사진입니다.

이 마을에서는 철도가 고가 구조로 되어 있고, 다리의 거더girder

그림 1-5. 오쓰치초의 흔적고 분포

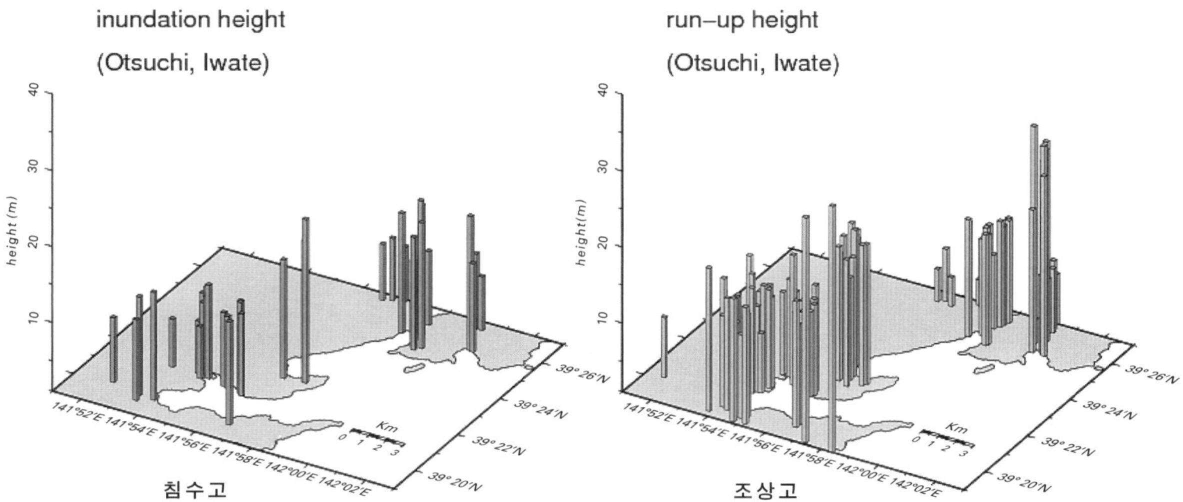

쓰나미 흔적고는 통일 보정 데이터(도호쿠 지방 태평양 지진 쓰나미 합동조사 그룹 릴리스 20110826판)에 의한 것.

가 낙하하여 교각이 몇 개나 쓰러졌습니다. 붕괴된 부자재가 주변에 흩어져 있어 이들 부재部材의 단면을 계측함으로써 붕괴의 메커니즘을 추정하고 있습니다. 육상에 건설된 쓰나미 방조제에 대해서도 파괴된 부재의 단면 형태를 계측하여 파괴 메커니즘을 검토하고 있습니다.

5. 가마이시시釜石市

가마이시만은 입구 부분에 만구湾口 방파제가 있습니다. 990미터의 북쪽 방파제와 670미터의 남쪽 방파제는 질량 16,000톤, 높이 30미터의 거대한 케손(콘크리트의 상자)으로 구성되어 있습니다.

〈사진 1-7〉은 시내의 피해 상황입니다. 쓰나미 방파제와 피난 장소인 언덕(덴노산天王山 표고 20미터) 사이에 있는 목조 주택의 밀집지가 큰 피해를 입었습니다. 이 지구에서는 사진 중앙 위쪽의 해안에 있는 건물(가마이시 해원海員회관)의 베란다, 바로 앞쪽의 덴노산 입구, 오른쪽의 피난 빌딩 옥상의 세 군데에서 촬영한 비디오 영상이 남아 있어 피해가 시간적으로 어떻게 진행되었는가를 재현할 수 있습니다.

〈그림 1-6〉을 보면 가마이시만의 만구 방파제의 바깥쪽에는 30미터가 넘는 조상고의 장소가 확인되었고, 방파제 안쪽은 대략 10미터 정도의 침수고와 조상고가 계측되었습니다. 결국 가마이시만의 만구 방파제는 가마이시 쪽의 쓰나미 전파를 어느 정도 반사

사진 1-6. 오쓰치초 안쪽으로 떠밀려 들어온 배

사진 1-7. 가마이시 시내 피해 지역

그림 1-6. 가마이시시의 흔적고 분포

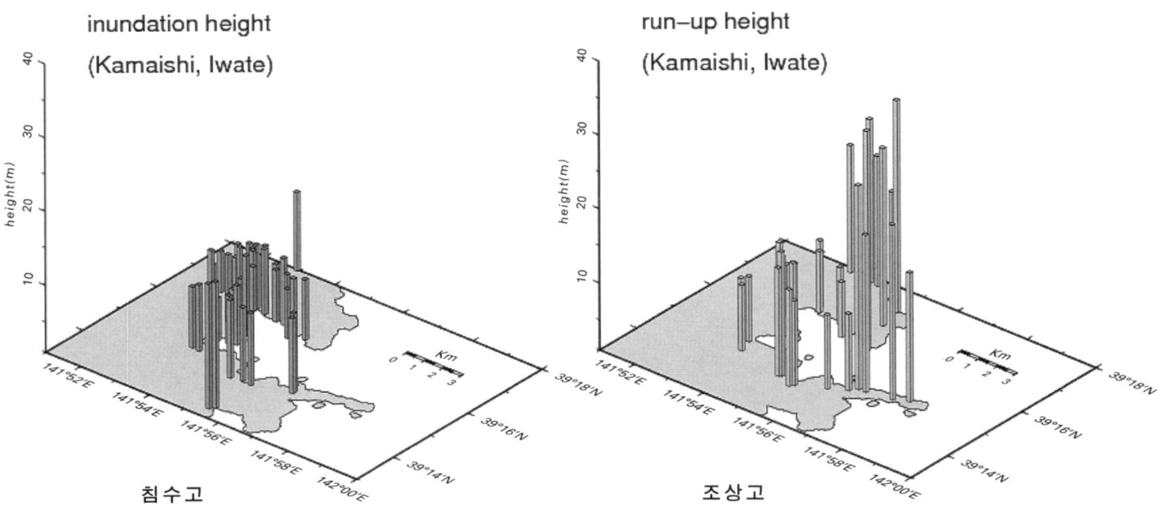

쓰나미 흔적고는 통일 보정 데이터(도호쿠 지방 태평양 지진 쓰나미 합동조사 그룹 릴리스 20110826판)에 의한 것.

사진 1-8. 가마이시만 만구 방파제의 피해 상황

하여 그 역할을 다했다고 봐도 될 것 같습니다. 저는 비행기에서 만구 방파제를 상공에서 관찰(사진 1-8)했는데, 특히 북쪽 제방(사진 오른쪽)은 빗의 이가 빠진 것처럼 케손이 붕괴되어 있었습니다.

6. 오후나토시大船渡市

〈그림 1-7〉과 같이 오후나토시 시내는 침수고가 약 10미터 정도의 되었습니다. 한편 시내를 흐르는 모리가와(강)盛川를 따라 내륙의 깊은 곳까지 쓰나미가 침입한 것도 알았습니다. 하천을 따라 피해

그림 1-7. 오후나토시의 흔적고 분포

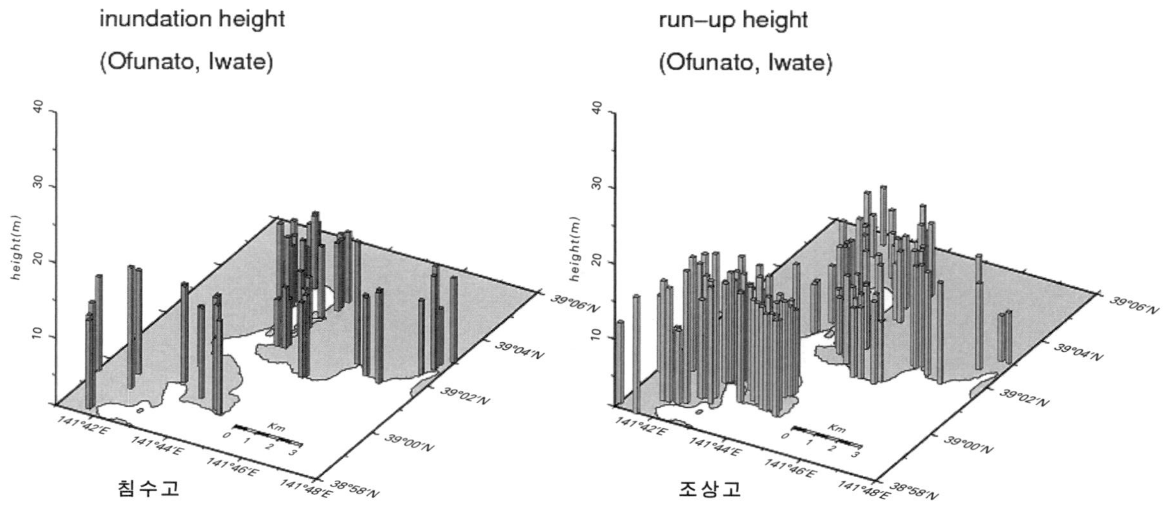

쓰나미 흔적고는 통일 보정 데이터(도호쿠 지방 태평양 지진 쓰나미 합동조사 그룹 릴리스 201108026판)에 의한 것.

지역이 넓기 때문에, 쓰나미의 침입 경로로서 하천을 경계할 필요가 있음을 알 수 있었습니다.

제 2 장

미야기현宮城県의 리아스식 해안

들어가며

미야기현의 리아스식 해안에서는 〈그림 2-1〉에 나타낸 게센누마시気仙沼市부터 오나가와초女川町에 이르는 지역에서 조사를 실시하였습니다. 오나가와초, 미나미산리쿠초南三陸町 등에서는 시가지의 대부분이 물에 침수되어 특히 큰 피해가 발생했습니다. 이 지역에서는 최근에 일어난 쓰나미로 51년 전(1960년)에 내습한 칠레 지진 쓰나미의 기억이 남아 있어 오나가와 역의 구내 계단과 미나미산리쿠초 시즈가와志津川 지구의 시내에 설치된 마츠바라松原 공원의 모아이상, '시즈가와초志津川町 칠레 지진 쓰나미 재해 30주년 기념비' 등 칠레 쓰나미 때의 침수고를 나타내는 표식과 비가 세워져 있습니다.

시즈가와 지구의 경우 칠레 쓰나미 때 6미터 정도였던 침수고가 이번 쓰나미에서는 15미터를 넘었습니다. 그 외 이 지역 여러 곳에서 이번 쓰나미는 칠레 쓰나미의 크기를 훨씬 넘어섰기 때문에

그림 2-1. 미야기현 북부 연안(리아스식 해안)의 주요 지점

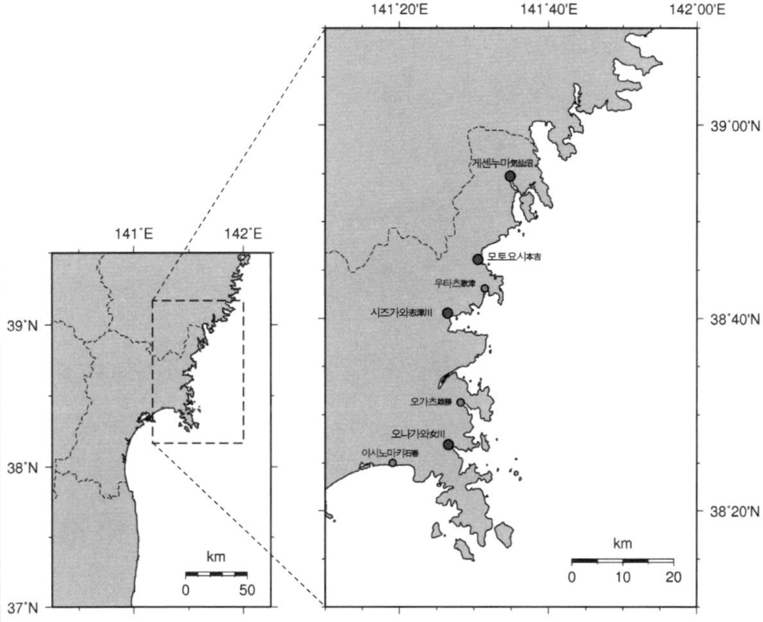

또다시 큰 피해를 입게 되었습니다. 시즈가와 지구의 쓰나미 피난 빌딩이 옥상까지 침수되는 등, 이번 쓰나미로 인한 피해는 앞으로의 피난 빌딩 본연의 모습을 재고할 필요가 있음을 깨닫게 해 주었습니다.

1. 게센누마시氣仙沼市

게센누마는 전형적인 리아스식 해안으로 만 안쪽에서 점점 만의

사진 2-1. 게센누마 시내로 떼밀려 들어온 어선

폭이 좁아지면서 안쪽의 물이 넘치게 됩니다. 게센누마항은 길이 약 9킬로미터인 게센누마만의 제일 안쪽에 위치하고 있고, 만 안으로 북쪽 해안과 서쪽 해안에 시가지가 펼쳐져 있습니다. 〈사진 2-1〉에 보여지는 것처럼 북부에는 크고 작은 많은 어선이 육상에 떼밀려 올라와 있고, 이곳에서도 어선이 시가지 안쪽으로 표류한 것이 가옥이나 건축물을 파손시킨 하나의 원인이 되었습니다. 또 육상에는 표류한 배뿐만 아니라 쓰레기 더미가 함께 헤도로(공장 폐수나 산업 폐기물 등의 오염 물질이 섞인 모습) 상태가 된 진흙이 두께 10센티미터 정도까지 쌓여 이동과 작업이 곤란하였습니다.

〈그림 2-2〉에 게센누마 주변의 흔적고 분포를 제시하였습니다.

그림 2-2. 게센누마시의 흔적고 분포

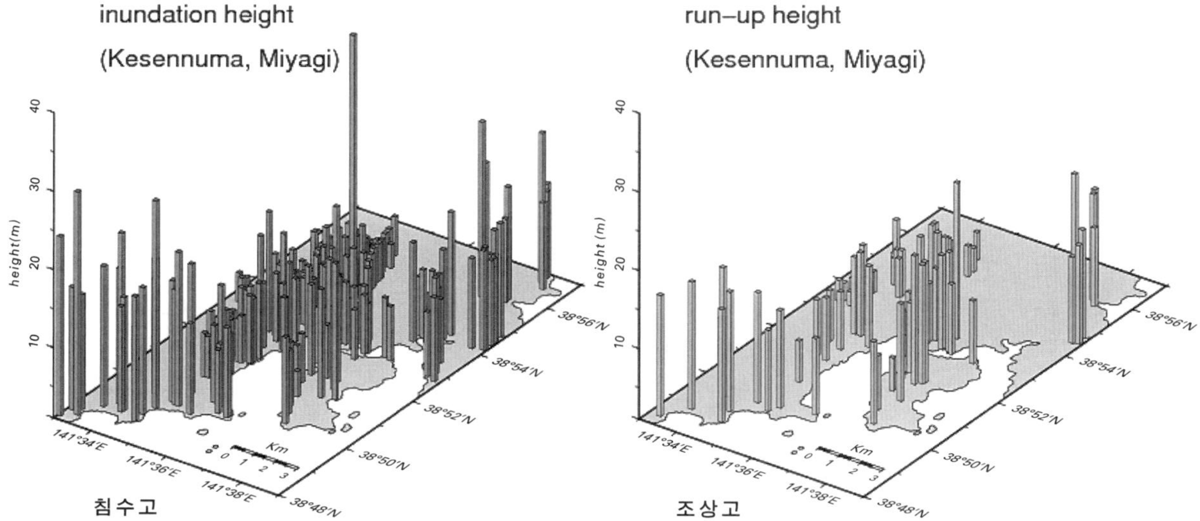

쓰나미 흔적고는 통일 보정 데이터(도호쿠 지방 태평양 지진 쓰나미 합동조사 그룹 릴리스 20110826판)에 의한 것.

주변은 침수고가 30미터 정도였지만, 시내는 침수고가 약 10미터 내외인 곳이 많았던 것 같습니다. 와세다대학 조사단은 시내 항구 부근 두 군데에서 침수고 계측을 실시하였습니다. 첫 번째는 건축물 내의 천정에 있던 나무 조각으로 침수고는 7.8미터였습니다. 이 건축물의 정면에는 지반으로부터의 높이가 1.65미터인 방조제가 있었습니다만, 쓰나미가 이 방조제를 훨씬 뛰어넘어 물이 시내로 범람하였습니다. 두 번째는 이스즈五十鈴 신사 옆 산책길 부근의 부러진 나뭇가지로 침수고가 11.98미터였습니다.

게센누마항 주변에서 어선이 육상에 떼밀려 올라온 것으로, 예를 들면 도쿄만과 쇼난湘南 해안에 쓰나미가 밀려오게 되면 어떤 일이 벌어질 것인가를 생각해 보면 표류하는 배가 상당히 큰 위협이 되리라 판단됩니다. 배는 물론 항구에 묶여 있었지만, 그 계류 줄이 끊어져 표류하다가 시내 쪽으로 들어와 곳곳에서 충돌하였던 것입니다. 지금까지는 제가 조사한 결과 중 큰 배가 표류하여 육상의 구조물에 충돌한 사례는 2005년 미국의 허리케인 카타리나 해일이었습니다. 이 경우에는 거대한 배가 육상으로 떼밀려와 10층 높이 이상의 철근 콘크리트 건물에 부딪쳐서 양쪽이 모두 파손되었습니다. 이번 쓰나미의 특징 중 하나가 많은 어선을 비롯한 표류물이 시가지로 밀려와 건물에 충돌한 것입니다.

게센누마를 예로 하여 우리가 어떻게 조사를 하였는가에 대해서도 언급해 두겠습니다. 쓰나미 때에는 물이 밀려옵니다만, 반드시 쓰나미는 물 높이뿐만 아니라 어딘가에 부딪쳐 위쪽으로 물보라가 칩니다. 건물의 상부가 부서져 있는 것은 그 물보라가 충돌한 것이라고 생각됩니다. 때문에 표류물이 부착되어 있는 상황을 보고 물보라가 아니라 물이 흘러 내려온 곳을 특정하여 그 수위로부터 침수고를 측정하고 있습니다. 예를 들면 게센누마에서 침수고가 7.89미터라고 하는 의미는 쓰나미가 덮친 시각의 보통 수위에 비해 7.89미터 높이까지 물이 흘러 들어왔다고 하는 것으로 이 경우에는 침수가 상당히 이루어졌다고 볼 수 있습니다.

2. 게센누마시氣仙沼市 모토요시초本吉町 나카지마中島 지구

게센누마시 모토요시초 나카지마 지구에서는 시즈가와志津川 하구 왼쪽 연안에서 측정을 하였습니다. 주로 논과 밭으로 이용되던 낮은 평지가 펼쳐져 있어 이 지역이 넓은 범위에 걸쳐 쓰나미로 침수되었습니다. 〈사진 2-2〉에 제시한 장소는 원래 해안선이 300미터 이상 바다 쪽으로 나가 있었지만 쓰나미로 해안 침식이 발생하였고, 뭍이 깎여 나갔습니다. 옛날에는 바다였던 곳에 해안 호안(바다의 둑을 보강하여 수해를 막음)을 만들어 뭍 쪽을 메워 도로를 만들고 경작지로 이용하였기 때문에 그런 장소들은 바다로 다시 되돌아가 버렸습니다. 이렇게 없어져 버린 땅을 앞으로 어떻게 할 것인가, 바다로 환원된 채로 놓아둘 것인가에 대해서는 의견이 분분할 것입니다.

여기에서는 두 군데의 침수고 계측을 실시하였습니다. 모두 뒤로 밀린 해안선 근처입니다. 첫 번째는 해안선 부근 경사면에 남은

사진 2-2. 나카지마 지구의 해안 침식

나뭇조각으로 알아낸 침수고는 9.19미터였습니다. 두 번째는 해안 부근 나무의 부러진 나뭇가지로 알아낸 침수고는 10.84미터였습니다.

3. 모토요시군本吉郡 미나미산리쿠초南三陸町 시즈가와志津川 지구

시즈가와만의 북서부에 위치한 시즈가와 지구는 3개의 강(서쪽부터 미즈시리가와(강)水尻川, 하치만가와(강)八幡川, 니이다가와(강)新井田川) 주위에 낮은 평지가 펼쳐져 있습니다. 여기는 많은 건축물이 쓰러지고 파괴되었습니다. 해안선에 세워진 제방의 많은 부분도 파괴

사진 2-3. 미나미산리쿠초 쵸영町営 마츠바라 아파트(쓰나미 피난 빌딩)

되었으며 하치만가와(강) 하구에 있는 수문도 큰 피해를 입었습니다. 이 지역은 1960년 칠레 지진 쓰나미 때에도 큰 피해를 입은 곳으로 마을에는 당시의 경험과 쓰나미 높이를 전하는 기념비와 기념물이 있었습니다만, 이번 쓰나미는 칠레 쓰나미보다도 훨씬 컸기 때문에 이것들도 이번 쓰나미로 많이 파괴되었습니다.

쓰나미 피난 빌딩의 피해에 대하여 언급하겠습니다. 〈사진 2-3〉에서 보는 건물은 쓰나미 피난 건물로 건설된 것으로 보통 때는 쵸영町営 아파트로 사용되었습니다. 미나미산리쿠초이 피난 계획을 세웠을 때 그 주변에는 상점이 있고 사람이 많이 살고 있음에도 불구하고 바다 가까이에 위치해 피난할 수 있는 곳이 없고, 언덕까지

그림 2-3. 미나미산리쿠초의 흔적고 분포

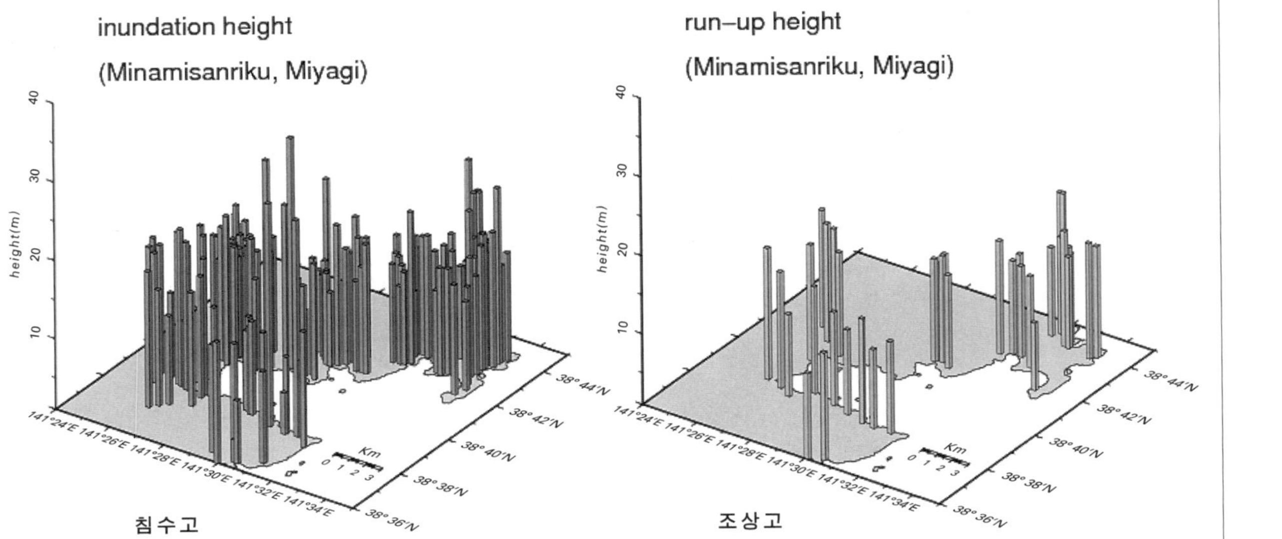

쓰나미 흔적고는 통일 보정 데이터(도호쿠 지방 태평양 지진 쓰나미 합동조사 그룹 릴리스 20110826판)에 의한 것.

도망가는 데에도 시간이 걸리기 때문에 방재의 거점으로써 이 피난 빌딩을 건축했습니다. 4층 건물(높이는 약 15미터)의 쓰나미 피난 빌딩에 침수고가 15.5미터인 쓰나미가 밀려와 옥상까지 물이 밀려들어 왔다는 사례조사가 있습니다.

쓰나미 외력의 특징은 긴 시간에 걸쳐 계속해서 작용한다는 것입니다. 지진이라면 나무망치로 두드리는 것같이 큰 하중이 걸리는 것은 기껏해야 몇 초에서 몇 십 초입니다. 이번 도호쿠 쓰나미에서는 예외적으로 몇 분에 걸쳐 흔들림이 계속되었습니다. 그러나 쓰나미의 경우에는 장소 때문에 물이 1시간을 넘는 긴 시간에 걸쳐 흘러 들어왔기 때문에 그 시간 내내 계속 작용하게 된 것입니다. 보통의 빌딩이라면 쓰러져 버렸을 가능성도 있습니다. 이 쵸영 아파트 자체는 쓰나미 피난 빌딩의 설계 가이드라인에 따라 설계되었기 때문에 빌딩 자체는 쓰나미가 덮쳐도 구조상의 파손은 없었습니다. 바깥 계단을 올라가 옥상으로 피난할 것을 지시하는 표식도 붙어 있어서 이에 따라 50명 정도의 주민이 옥상으로 피난하였습니다.

제가 인터뷰한 분은 쵸영 아파트 1층에 살고 있는 분입니다. 그 분에게 물어보니 아직 초등학교에 다니고 있는 어린 자녀가 있어 아이를 데리고 옥상으로 피난하였다고 합니다.

제1파(첫 번째 쓰나미)는 4층의 중간 정도를 지나갔습니다. 이것은 큰 유속을 가진 흐름입니다. 건물의 측면에 바다 속의 표류물이 부착되어 있는 것은 이 흐름이 운반해 온 것입니다. 그 후 들이닥친 물은 시즈가와 지구의 평야 부분에 범람하여 제일 안쪽 언덕에 부딪쳐 수위가 올라갔습니다. 그 때 이 빌딩도 옥상 바닥으로부터

71센티미터까지 수위가 올라갔습니다.

그 주민 분이 "저희는 아이가 있기 때문에 이렇게 물에 젖지 않도록 들어 올렸습니다"라고 말씀하셔서 "물은 어디까지 왔습니까?"라고 여쭤 보니 허벅다리를 가리키며 "여기요"라고 대답하셨습니다. 이곳을 계측하니 71센티미터였습니다.

이 쓰나미로 피난 빌딩 4층 옥상까지 대피하였지만 바닥에서 71센티미터까지 물이 차서 조금만 더 수위가 높았더라면 위험했을 상황입니다. 주민들의 증언처럼 옥상의 바다 쪽에 면한 부재部材가 파손되어 있는 것을 볼 때 침수고는 15.50미터였습니다. 또 4층 주거의 육지 쪽 바깥 창문에도 표류물이 다수 부착되어 있어 육지 쪽의 표류물은 쓰나미의 되돌아가는 흐름(육상에 범람한 쓰나미가 바다로 되돌아갈 때 발생하는 흐름)에 의해 운반된 것으로 그 침수고는 14.39미터였습니다.

2007년의 방글라데시 시들의 해일 때 제가 사이클론 셀터(shelter, 해일로부터 피난하는 시설)에 조사를 갔을 때도 같은 상황이 있었습니다. 사이클론 셀터의 1층 부분은 기둥만 있고 벽을 만들지 않았으며 2층은 평소에는 학교 교실로 사용하고 3층이 옥상입니다. 사이클론이 왔을 때에는 큰 비 때문에 천둥이 치고 강풍도 불고 있었기 때문에 여성이나 어린이는 셀터의 2층에 들어가 문을 닫고, 남자들은 전원 옥상에 빈틈 없이 서서 사이클론이 지나가는 것을 기다렸다고 합니다. 그런데 2층 부분 바닥으로부터 59센티미터까지 물이 차올랐다고 합니다. 이 경우에도 1미터만 더 수위가 높았더라면 2층으로 피난했던 사람들이 물에 잠겨 익사할 뻔했던 상황으로 위기일발의 상황에서 다행히 살아난 사례입니다.

4. 오시카군牡鹿郡 오나가와초女川町

이번 쓰나미가 오기 1년 전에 칠레의 쓰나미가 일본까지 전해져 왔습니다. 그때도 저는 연구실의 학생들과 함께 다케우라竹浦, 기리가사키桐ヶ崎, 이시하마石浜 등을 포함한 오나가와 주변을 인터뷰와 계측을 하며 돌아다녔습니다. 이때에는 오나가와초에서 쓰나미 높이가 1.54미터로 작았기 때문에 방조제가 취락을 지킬 수 있었고, 만구湾口 방파제와 각 어항의 방파제도 쓰나미를 감소시켰다고 하는 조사 결과가 있었습니다. 그런데 이번에는 이 모든 것이 파괴되어 제가 1년 전에 인터뷰한 집은 떠내려가 남아 있지 않은 상황이었습니다. 〈그림 2-4〉에 오나가와초 쓰나미의 흔적고의 분포를 제시하겠습니다. 만 안쪽의 침수고는 20미터에 달하고 만고쿠우라万石浦로 이어지는 오나가와 고등학교 밑의 국도 398호선의 고개를 넘어서 쓰나미가 흘러 들어갔습니다.

1) 오나가와 해안 지구

만고쿠우라에서 오나가와항으로 이어지는 국도 398호선의 양쪽 길 옆에 쓰레기 더미가 흩어져 있고, 쓰나미는 시가지 대부분을 침수시켰습니다. 목조 건물 대부분은 떠내려갔고 기초 말뚝이 뽑히거나 쓰러진 철근 콘크리트, 철골 콘크리트의 건축물도 4동이나 보였

그림 2-4. 오나가와초 주변의 흔적고 분포

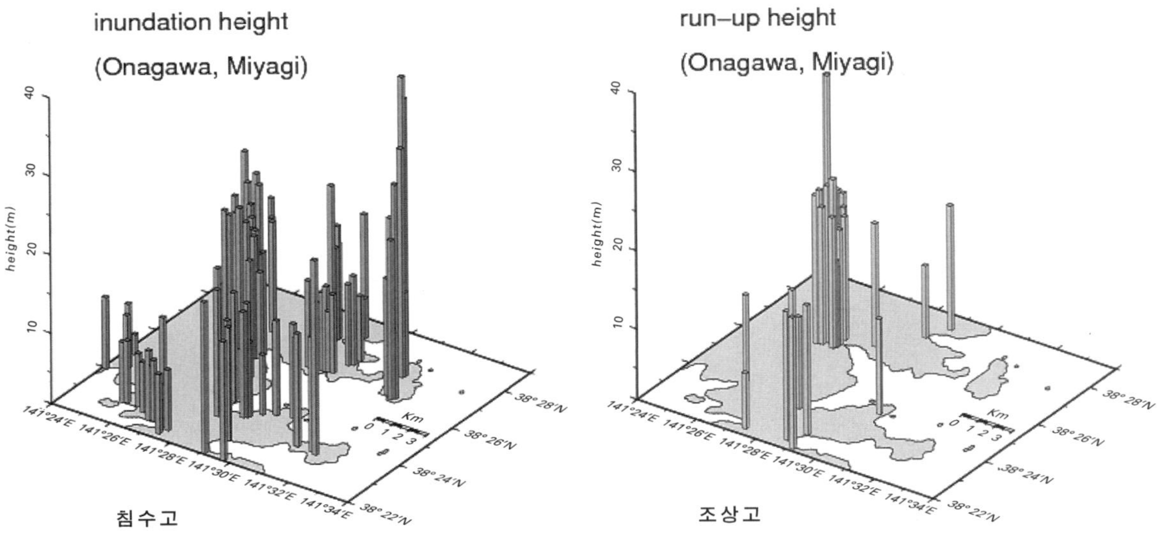

쓰나미 흔적고는 통일 보정 데이터(도호쿠 지방 태평양 지진 쓰나미 합동조사 그룹 릴리스 20110826판)에 의한 것.

사진 2-4. 옛날 오나가와초 관청 옥상에서 오나가와 해변 지구를 바라본 모습

습니다.

여기서는 3군데의 침수고 계측을 실시하였습니다. 첫 번째 장소는 오나가와초 관청 건물의 3층 외벽 부분에 남아 있던 침수선으로 침수고는 13.53미터였습니다. 오나가와초 관청 건물은 3층 내부까지 쓰나미에 의해 침수되고 진흙과 쓰레기 더미, 서류 등이 흩어져 있었습니다. 〈사진 2-4〉는 옛날 오나가와 관청 건물의 옥상에서 오나가와 해안 지구를 바라본 사진입니다.

재해 때에는 관청의 기능을 어떻게 유지해 갈 것인가가 큰 문제입니다. 제 연구실로는 가나가와神奈川 현청県庁 분들과 현県 경찰, 요코하마横浜 시청, 도쿄도東京都 미나토구港区 구청 분들께서 상담하

러 오셨습니다. 쓰나미가 왔을 때에는 바닷가에 인접해 있는 경찰서 등도 위험하여 그렇게 되면 의지할 수 있는 기관이 마비되어 버리는 상황이 각지에서 일어나게 된다는 것입니다.

두 번째 장소는 관청 뒤에 있는 시로야마白山 신사 옆 경사면에 남아 있던 표류물로 침수고는 3.28미터였습니다. 신사로 통하는 계단이 파괴되어 주위 지반은 크게 깎여 있었습니다. 세 번째는 마을 중앙 언덕 위에 세워진 초립町立 병원 안 1층 MRI실 옆 벽면의 침수선으로 침수고는 17.42미터였습니다. 병원은 주변보다 높은 언덕 위에 세워져 있었기 때문에 1층 부분만 침수되었습니다. 이 언덕에 있던 사람은, 침수는 되었지만 떠내려가지 않아서 살았다고 했습니다.

2) 다케우라竹浦 지구

다케우라 지구는 오나가와만 북부에 위치하고 있어 남쪽을 향해 열려 있는 만 구조를 가지고 있습니다. 만 입구에는 방파제와 육상에는 지반으로부터 높이가 1.75미터가 되는 방조제가 있습니다. 쓰나미는 방조제의 높이를 훨씬 넘는 규모로 취락을 덮쳐 큰 피해를 입혔습니다. 1.75미터의 방조제에 12.02미터 높이의 물이 밀려들어오는 것이 현실이 되어 버린 것입니다. 방파제는 동쪽의 일부만 상부 구조가 쓰나미에 의해 유출되었지만, 다른 부분은 남아 있었습니다(그림 2-5, 사진 2-5).

여기서는 3군데에서 침수고의 계측을 실시하였습니다. 첫 번째 장소는 경사면에 남아 있는 표류물로 침수고는 12.02미터였습니다. 두 번째 장소는 가옥 옥상에 있는 나뭇조각으로 침수고는 8.84미

그림 2-5. 오나가와초 다케우라 지구 주변도
(Google Earth에 덧붙임. 시바야마 등)

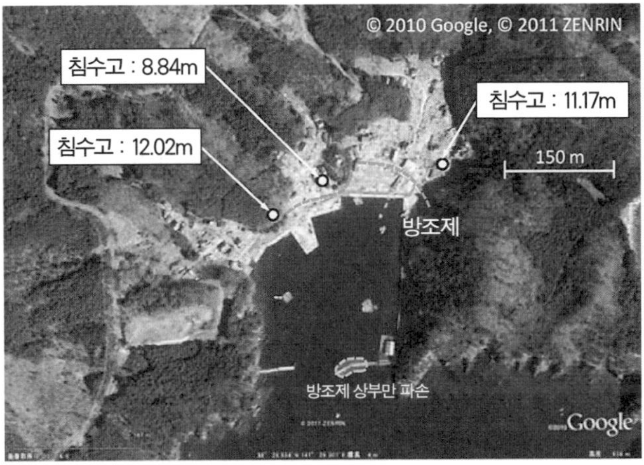

사진 2-5. 오나가와초 다케우라 지구의 방파제 피해

터였습니다. 세 번째는 가옥의 옥상에 있는 표류한 자동차로 침수고는 11.17미터였습니다.

3) 만 안쪽 방파제

오나가와만女川湾에는 북쪽 해안과 남쪽 해안에서 뻗어 있고 중앙 개구부(입구)를 가진 방파제가 있었습니다. 북쪽 방파제의 밑동 부분 바로 위에 있는 사키야마崎山 전망 공원으로부터 오나가와만이 내려다보여 방파제를 정면으로 볼 수가 있습니다. 와세다대학 조사단은 2010년 2월에 발생한 칠레 지진 쓰나미 직후에도 오나가와초에서 현지 조사를 실시하여 이 전망 공원으로부터의 방파제 모습을 관찰하였습니다. 이번 조사에서도 같은 장소에서 만의 모습을 관찰했습니다만, 방파제는 남쪽 육지에 인접한 케손 하나를 제외하고 거의 모두 떠내려가 버렸습니다.(사진 2-6)

사진 2-6. 오나가와초 만구 방파제의 피해 전·후 모습

방파제는 쓰나미에 대한 오나가와초의 첫 번째 방위선으로 칠레 지진(2010) 때에는 어느 정도 쓰나미를 반사해 주었지만 이번에는 무너져 버렸습니다. 〈사진 2-6〉 오른쪽 방향이 오나가와 어항입니다. 2010년 칠레 쓰나미 때에는 바깥쪽의 수위가 올라가 개구부(입구)로부터 물이 흘러들었습니다만 오나가와 해안 지구는 침수고 1.5미터 정도로 끝났습니다. 이번에는 그 방파제가 쓰나미의 힘으로 무너져 버렸습니다. 배를 타고 해저를 관찰해 보니 방파제의 붕괴된 부분이 북쪽(사진 2-5 아래쪽)은 항구 쪽 해저 부분에 흩어져 있고 남쪽(사진 2-5 위쪽)은 케손이 만 입구 쪽에 흩어져 있었습니다. 북쪽은 제1파의 오시나미(押し波: 육지 쪽으로의 흐름)로 방파제가 붕괴되고, 남쪽은 모도리나가레(戻り流れ: 바다 쪽으로의 흐름)로 케손이 미끄러져 이동하여 기초 부분부터 무너졌던 것입니다.

제 3 장

미야기현宮城県, 후쿠시마현福島県의 낮은 평지

들어가며

미야기현과 후쿠시마현의 낮은 평지에서는 〈그림 3-1〉에 나타낸 센다이시仙台市 와카바야시구若林区 아라하마荒浜 지구에서 소마시相馬市 이소베磯部 지구까지의 지역을 조사하였습니다. 일본의 낮은 평지가 쓰나미의 피해를 받은 것은 1946년의 난카이南海 지진 쓰나미에 의한 고치高知 평야 등의 피해 이후 처음이기 때문에 이 조사 결과는 앞으로 도카이東海·히가시난카이東南海·난카이南海 지진 쓰나미 등 낮은 평지의 쓰나미 움직임을 예측하는 데에 귀중한 자료가 될 것입니다. 리아스식 해안의 쓰나미는 연안부의 언덕을 따라 올라간 큰 조상고遡上高의 기록을 남겼습니다만, 낮은 평지에서는 육상에 광범위하게 범람하여 범람 지역이 해안선으로부터 내륙 깊은 곳까지 이르렀습니다. 이 범위는 나토리가와(강)名取川 유역에서는 6킬로미터 정도에 이르고, 아라하마 지구에서는 1킬로미터, 이소베

그림 3-1. 미야기현 남부-후쿠시마현 북부 연안의 주요 지점(낮은 평지 해안)

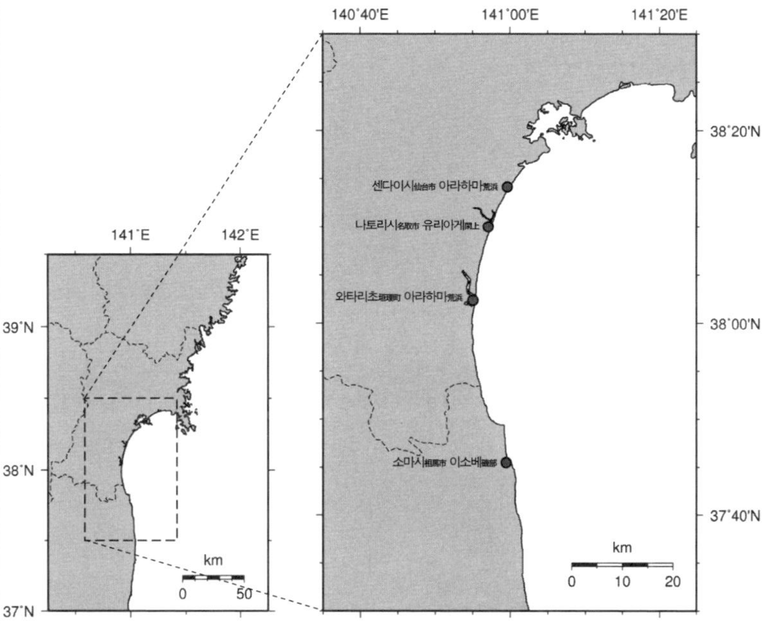

지구에서는 1.8킬로미터 정도입니다. 2007년 시들 태풍의 해일(방글라데시, 사망자와 행방불명자를 합하여 5100명), 2008년 나르기스 태풍의 해일(미얀마, 사망자와 행방불명자를 합하여 13만 8000명) 때에는 태풍(인도양에서는 사이클론이라고 부릅니다) 때문에 발생한 해일로 쓰나미같이 커다란 운동량을 가진 바닷물이 육상으로 범람하였는데, 이들 사례와 함께 분석함으로써 낮은 평지의 쓰나미 피해 구조를 보다 잘 이해할 수가 있었습니다.

1. 센다이시仙台市 와카바야시구若林区

1) 아라하마荒浜 지구

아라하마 지구는 나나기타가와(강)七北田川과 나토리가와(강)名取川에 낀 평지 중앙에 위치하고 있어 해안선으로부터 1킬로미터 이내의 범위에 주택가가 펼쳐져 있고, 해안선으로부터 약 450미터의 위치에는 해안선과 평행하게 테이잔貞山 운하가 흐르고 있습니다. 바닷가에 근접한 곳은 베드타운으로 되어 있어 아라하마, 신하마 등의 이름이 나타내는 것처럼 원래는 바다였습니다. 바다가 퇴적된 사층(모래층)의 존재로부터 쓰나미가 있었다고 추정할 수가 있습니다.

〈그림 3-2〉는 와카바야시구 전 지역의 흔적고 분포를 나타낸 것입니다. 산리쿠 리아스식 해안에 비해 침수고와 조상고의 수치는 101미터 정도 이하의 곳이 많고 전체적으로 낮은 편입니다. 또 지리적 조건을 생각해 보면 표고가 높은 언덕이 적기 때문에 지역 전체에 치우치지 않고 큰 쓰나미가 밀려올 경우에는 적절한 피난 장소를 찾기 어렵다는 것을 알게 되었습니다.

아라하마 지구는 해안에서부터 약 1킬로미터에 걸쳐 침수되었습니다. 해안 제방은 철책이 육지 쪽을 향해 넘어져 있어서 쓰나미가 제방을 넘어 침입해 온 것을 알 수 있었습니다. 제방으로부터 약 30미터 육지 쪽에 위치한 공중화장실 주위는 최대 깊이가 2.5미터인 침식(강한 물의 흐름에 의한 구조물 주변이 극소적으로 파이는 현상)도 보였습니다.

여기에서 와세다대학 조사단은 두 곳의 침수고를 계측하였습니

그림 3-2. 와카바야시구 전체의 흔적고 분포

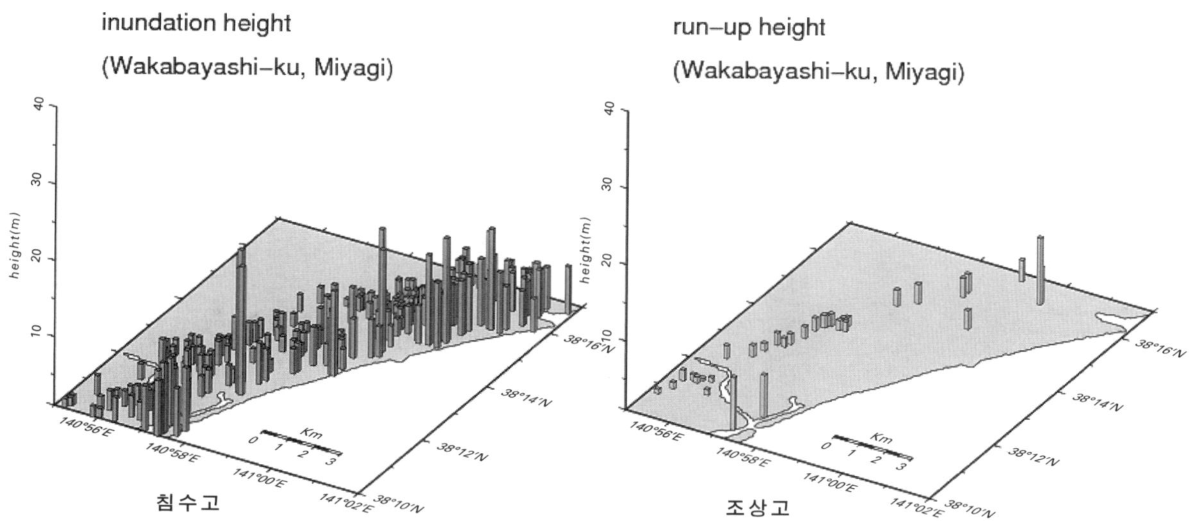

쓰나미 흔적고는 통일 보정 데이터(도호쿠 지방 태평양 지진 쓰나미 합동조사 그룹 릴리스 20110826판)에 의한 것.

사진 3-1. 아라하마 지구 주택가 피해 지역

다. 첫 번째 장소는 공중화장실 옆 나무의 부러진 가지로 침수고가 9.38미터였습니다. 두 번째 장소는 가옥 2층의 부서진 문의 유리로 침수고가 8.49미터였습니다. 〈사진 3-1〉은 주택가의 피해 현황을 촬영한 것으로 목조 주택의 대부분이 파괴되었습니다.

해안선으로부터 약 700미터의 위치에 있는 아라하마 초등학교는 아라하마 지구 내에서 쓰나미에 의한 붕괴와 유출을 모면한 건물 중 하나입니다. 학교 건물의 2층 베란다에는 많은 표류물이 있어 흔적의 높이가 학교 건물의 토대로부터 4.62미터였습니다.

2) 와카바야시구若林区 남부

아라하마荒浜 지구와 나토리가와(강) 사이의 지역에서도 조사를 실시하였습니다. 아라하마 지구로부터 약 2킬로미터 남쪽에 있는 승마 클럽 주변에는 떠내려 온 소나무가 많이 있고 승마장을 내려다볼 수 있는 전망대 위에는 직경 약 70센티미터의 떠내려온 나무가 누워 있었었습니다. 승마 클럽 옆에 있는 해안공원 모험광장에는 바다를 향해 펼쳐져 있는 완만한 경사를 가진 언덕이 있는데, 언덕의 정상에 표고 15.89미터라고 쓰인 놀이기구가 있고, 그 놀이기구보다 바다 쪽의 경사면에는 쓰나미가 옮겨다 놓은 표류물이 선 모양으로 분포되어 있어 그 높이가 놀이기구가 있는 지반보다 1.11미터 낮은 위치에 있었습니다. 즉, 이곳의 조상고는 15미터 정도 되었을 것입니다. 언덕의 지면에는 상공의 헬리콥터에 무사하다는 것을 알리는 메시지가 남아 있어 쓰나미가 밀려왔을 때에 이 장소에 피난해 온 사람이 있었을 것이라고 생각됩니다.

한편 이 지역에서 관찰한 결과, 이번 쓰나미의 경우 방조림防潮林이 제 역할을 제대로 하지 못한 장소가 많았다는 것을 알 수 있었습니다. 소나무는 뿌리째 뽑혀 쓰나미와 함께 밀려와서 부딪히면서 구조물에 피해를 입히거나 또는 소나무가 구조물에 걸려서 쓰나미의 유체력流体力을 크게 작용시켜 구조물을 파손시켰다고 생각됩니다. 〈사진 3-2〉는 떠내려 온 소나무가 구조물에 많이 엉켜 있는 예를 나타내고 있습니다.

나토리가와(강)에 설치된 유리아게閖上대교 부근에도 많은 쓰레기 더미가 쌓여 있었습니다. 다릿목부터는 나토리가와(강)를 따라

사진 3-2. 와카바야시구 남부, 떠내려온 소나무 잔해가 건물에 뒤엉켜 있는 모습

바다를 향해 뻗어 있는 도로가 있어 그 끝 부분까지의 거리는 약 830미터입니다만, 끝부분은 쓰나미의 침수 흔적으로 노반이 벗겨져 있어 이 부분을 계측해 본 결과 침수고가 5.55미터였습니다.

2. 나토리시名取市

나토리가와(강)의 오른쪽 하구에 위치한 유리아게 지구에서도 조사를 실시하였습니다. 지진과 쓰나미로 물이 넘쳐 나토리가와(강) 오른쪽 강변 제방은 큰 피해를 입어 약 50미터 간격으로 균열이 발

사진 3-3. 나토리 강 하구를 상공에서 바라본 사진

생하였습니다. 장마와 태풍철의 하천 범람에 대비하여 이 제방을 급하게 보수할 필요가 있습니다.

나토리 어항 부근 건축물의 대부분이 쓰나미로 떠내려가 버렸습니다. 시내 중앙에 있는 히요리산日和山이라 불리는 인공 산(언덕)은 원래 피난 장소로 만들어진 것은 아닙니다만, 주변에서 가장 지반이 높습니다. 이 언덕의 정상에서 2.10미터 위까지 침수한 흔적이 언덕 위의 나무에 남아 있었습니다. 따라서 이 지역의 안전한 피난 장소는 없었다는 것을 알 수 있었습니다.

어항 부근의 건축물을 대상으로 침수고의 계측을 실시한 결과, 2층 창틀에 표류물이 있는 것으로 보아 침수고는 9.09미터였습니다. 〈사진 3-3〉은 피해 직후(3월 19일) 상공에서 찍은 사진입니다. 비행기로 시찰했을 때에 연안 지역 전체가 모래로 뒤덮여 있어 색감 없는 광경을 기억하고 있었습니다만 지형을 자세히 들여다보니 해안선 곳곳에서 제방이 무너져 육지와 바다의 경계가 불분명한 모습인 것을 알 수 있었습니다.

3. 와타리군亘理郡 와타리초亘理町

아부쿠마가와(강)阿武隈川 오른쪽 하구에 위치한 와타리군 와타리초 아라하마 지구에서도 조사를 실시하였습니다. 아부쿠마가와(강) 오른쪽 제방에는 눈에 띄는 손상은 없었습니다만, 각지에서 범람하여 제방 안쪽에는 피해가 있었습니다. 한편 해안가 도리노우미鳥の海공원에서는 해안 제방이 손실되어 있었습니다.

여기에서는 해안가 근처의 두 곳에서 침수고의 계측을 실시하였습니다. 첫 번째는 '와타리 온천 도리노우미 호텔' 건물의 1층 기둥에 부착되어 있던 표류물로 측정한 침수고가 5.00미터였습니다. 이 지구는 해안 제방이 무너져 연안 지역이 괴멸적인 피해를 입었습니다.

4. 소마시相馬市

1) 소마항 주변相馬港

〈그림 3-3〉은 소마시 주변의 흔적고의 분포를 나타낸 것입니다. 후

쿠시마현福島県에 들어가면 원자력 발전소 사고의 영향으로 미야기현宮城県, 이와테현岩手県과 비교하면 조사를 실시한 연구자 수가 현저히 적기 때문에 데이터의 수도 한정되어 있습니다. 전반적으로 침수고는 10미터에 미치지 못하는 경우가 많고 북쪽의 두 현에 비하면 쓰나미의 높이가 낮았던 것을 알 수 있습니다.

소마항에서는 부두의 일부가 손상되고 그에 따라 도로도 함몰되었습니다. 손상된 부두의 일부는 약 30미터를 이동하여 육지에서 나뒹굴고 있었습니다. 항구의 개구부(입구)로부터 침입한 쓰나미가 큰 압력으로 솟구치며 부두의 일부를 파괴하였다고 생각됩니다.

2) 이소베礒部 지구

마츠가와우라松川浦의 남쪽 해안에 위치한 이소베 지구에서는 많은 가옥이 떠내려갔고 도로와 가옥 자리에는 흘러 들어온 모래가 퇴적되어 있었습니다. 바닷가에는 해안 제방(완경사 제방)이 있고, 그 뒤쪽에는 폭 약 400미터에 이르는 숲이 펼쳐져 있었습니다만, 쓰나미가 제방을 파괴하고 산림을 넘어 마을로 침입해 왔습니다. 해안 제방에서는 해안선에 설치된 소파消波 블록의 틈새 뒤쪽에 해당하는 부분에서 큰 피해가 있었습니다(사진 3-4). 여기에서는 파괴 간격이 소파 블록의 틈새 간격과 일치하고 있었습니다. 소파 블록이 놓여 있는 곳은 안쪽의 해안 제방이 부서지지 않았습니다. 육지 쪽의 물이 바다 쪽과 바뀌기 때문에 소파 블록을 설치할 때 간격을 두지만 그 부분이 약점이 되어 그 뒷부분만이 부서져 버린 것입니다. 저는 해안에 가면 쓰나미와 해일, 높은 파도 때문에 구조물이

그림 3-3. 소마시 주변 흔적고 분포

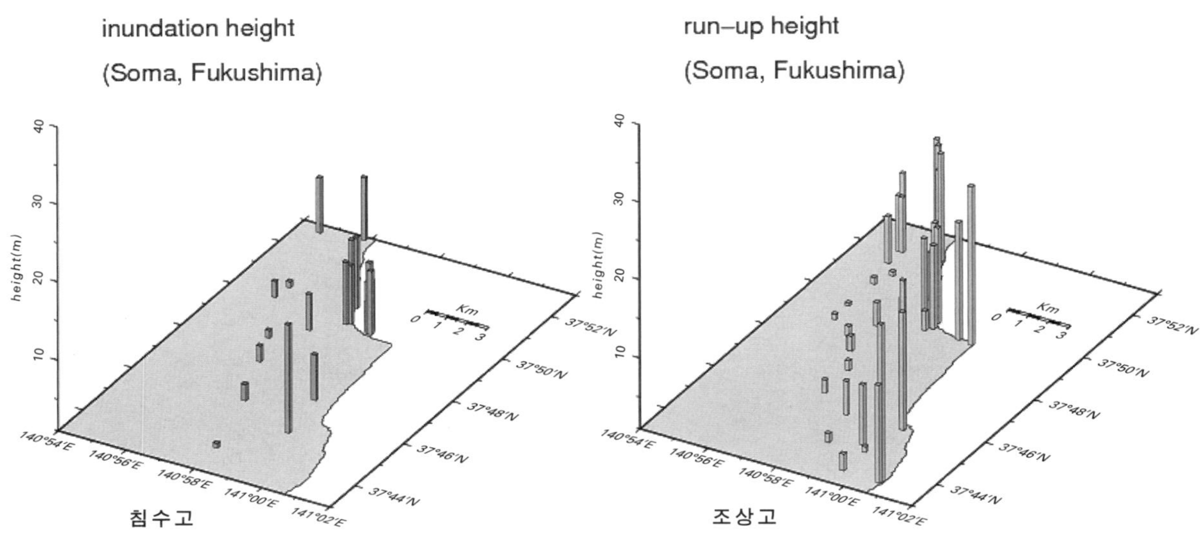

쓰나미 흔적고는 통일 보정 데이터(도호쿠 지방 태평양 지진 쓰나미 합동조사 그룹 릴리스 20110826판)에 의한 것.

어떤 모습으로 부서지는가를 생각하고 그 모습을 상상하려고 합니다. 그래서 이 예는 이후에도 참고가 될 사례입니다. 또 완경사 제방도 피복被覆 블록의 틈새에서 투수층透水層 내에 바닷물이 침투하여 제방 자체에 장시간에 걸쳐 커다란 파도의 압력이 작용하여 파괴에 이르게 되었다고 생각됩니다.

이소베 지구에서는 해안선으로부터 약 600미터 떨어진 장소에 위치한 건축물에서 침수고의 계측을 실시하였습니다. 이 건축물 2층의 깨진 창문 부분을 계측한 결과 침수고는 6.86미터였습니다. 〈사진 3-5〉는 이 건물의 사진입니다.

해안 근처를 조사한 후에 남쪽 지구에서 육상의 조상遡上 상황

사진 3-4. 이소베 지구 해안 호안의 붕괴

사진 3-5. 이소베 지구의 피해 가옥

에 대해서도 조사를 실시하였습니다. 이 지역은 해안에서 내륙까지 논과 밭이 완만하게 펼쳐져 있기 때문에 쓰나미가 조상했다고 생각됩니다. 논밭 1구획마다 계단식으로 표고가 높아져 침수된 구획과 침수되지 않은 구획 사이가 최대 조상고라고 생각할 수 있습니다. 그 결과, 조상의 한계 위치는 논밭이 이어지는 선을 따라 해안선으로부터 약 1.8킬로미터 내륙 지점에 있습니다.

제 4 장

이바라기현茨城県과 치바현千葉県

들어가며

3월 15일과 16일에는 이바라기현과 치바현 연안부의 조사를 실시하였습니다. 쓰나미의 침수고는 약 3미터부터 5미터 정도 사이에 분포하고 있었습니다. 이번 쓰나미는 홋카이도北海道 연안에서 치바현 태평양 연안까지는 육상으로 쓰나미가 범람하였고, 또한 도쿠시마현徳島県에서는 침수고가 3미터가 넘는 쓰나미가 있어 시코쿠四国 지방 태평양 연안까지의 해상에 설치한 양식 뗏목이 떠내려가는 등 일본 열도 전체에 쓰나미가 밀려왔습니다.

이와테岩手, 미야기宮城, 후쿠시마福島의 3현에서는 연안 전체에 피해가 있었던 것에 비해 이바라기현과 치바현의 특징은 피해가 몇 군데 지점에 한정되어 있었다는 점입니다. 이하에서 언급할 오오아라이항大洗港, 가시마항鹿島港, 이이오카飯岡 어항 등이 그 예입니다. 특히 이이오카 어항의 경우에는 인접한 지역에 비해 쓰나미 침수고가 특이하게 높아 쓰나미의 회절(곶 등의 뒤쪽 부분으로 파도가 돌아 들어가는 효과)과 굴절(해저 지형의 영향으로 파도의 방향이 변화하여 에너지가 특정의 지점에 집중되는 효과) 그리고 중합(다른 방향으로부터 밀려온 파도가 겹쳐서 국소적으로 높아지는 효과) 등의 복합적인 요소에 의해 높은 쓰나미의 습격을 받은 것입니다.

(1) 이바라기현茨城県 히가시이바라기군東茨城郡 오오아라이초大洗町

오오아라이 썬비치 및 오오아라이 어항 주변에서 조사를 실시하였습니다. 해안선으로부터 약 500미터에 위치한 오오아라이 썬비치 뒤 현도県道 2호선에서는 보도 위 0.88미터 높이에 침수 흔적이 남아 있었고 도로변의 소나무 숲에서는 쓰나미의 흔적으로 추측되는 자국들이 많은 나무에 새겨져 있었습니다. 도로 위에는 쓰나미가 운반했다고 추측되는 모래가 퇴적되어 있고, 떠내려온 컨테이너가 많이 보였습니다.

컨테이너의 표류는 2010년의 칠레 지진 쓰나미 때에도 탈카우아노 항구 등에서 많이 관찰되었습니다. 1959년의 이세만伊勢湾 태풍 때에는 항구의 목재 저장소에서 떼밀려 온 목재들이 표류하여 구조물들이 많은 피해를 입었던 사실이 알려져 있습니다. 현재 연구를 진행하고 있습니다만, 도쿄만東京湾 내에서 규모가 큰 쓰나미가 발생하면, 제방 바깥 땅(방파제보다 바다 쪽에 항만시설 등이 있는 지역)에 놓인 컨테이너 등이 표류할 위험성이 있습니다.

오오아라이 어항에는 많은 어선이 육상으로 떼밀려 와 창고 등과 같은 수산 시설의 피해도 발생하였습니다. 그러나 앞쪽 소파消波

블록의 직립 케손 방파제에서 외관상의 피해는 거의 보이지 않았습니다. 항구 안쪽에서 계측을 실시한 결과, 창고 벽에서의 침수고는 5.18미터였습니다.

(2) 이바라기현茨城県 히타치나카시ひたちなか市 히라이소초平磯町

오오아라이의 북쪽으로 약 6킬로미터에 위치한 히라이소 지역은 가옥이 해안 가까운 곳에 위치해 있습니다. 그런데 둘러본 결과 큰 피해는 없었고 오히려 오오아라이 시내보다도 피해가 적었던 것으로 생각됩니다. 히라이소의 해변에는 확실한 쓰나미의 흔적이 있었고, 쓰나미의 침수고는 3.87미터였습니다. 이것은 오오아라이 어항에서 계측한 수치보다도 1미터 이상 낮았고, 이 차이가 쓰나미 피해의 차이로 나타났다고 생각됩니다.

(3) 이바라기현茨城県 가미스시神栖市, 가시마시鹿嶋市(가시마항鹿島港 주변)

가시마항은 세계 최대 규모의 Y자형으로 패인 구조의 항만으로 바깥쪽 바다에 면해 있는 방파제가 북쪽을 향해 열려 있어 이번과 같이 북쪽으로부터 오는 쓰나미가 항만 안쪽을 쉽게 침입할 수 있는 형태로 되어 있습니다. 그 때문에 항구 내에서 침수고의 계측을 가시마항 입구에 있는 낚시터(사진 4-1)와 패인 수로 간의 직선 끝부분에 있는 항구공원에서 실시하였습니다. 모든 곳에서 어선의 침몰, 육지에 좌초된 배, 가옥의 파손 등을 볼 수 있었으며 액상화液状化 때문에 생긴 도로의 함몰과 호안護岸의 측면 유동도 있었습니다. 바깥쪽의 바다에 접해 있는 호안護岸에서는 눈에 띄는 손상을 관찰

사진 4-1. 가시마항 낚시터의 피해

할 수 없었습니다. 계측한 침수고는 낚시터에서 4.33미터, 항구공원에서 5.70미터였습니다.

(4) 치바현千葉県 아사히시旭市(이이오카飯岡 어항 주변)

아사히시는 치바현 내에서 큰 피해가 발생한 장소 중 한 곳입니다. 앞에서도 언급한 것과 같이 초시銚子 곶의 끝 부분에서 굽어 꺾인 쓰나미가 돌아서 밀려나와 아사히시의 해안 부근에서 굴절하여 또 다른 방향에서 온 쓰나미와 합쳐졌을 가능성이 지적되고 있습니다. 이이오카 어항 주변에서는 어선이 육상에 떼밀려오고 침몰하는 피해가 많았습니다. 이이오카 어항 내에서의 침수고는 4.11미터였습니다. 피해는 어항 안쪽뿐만 아니라 시가지 쪽에도 미쳐 해안 호안護岸으로부터 약 400미터 떨어진 육지 쪽에 위치하는 다마자키玉崎 신사에서도 침수 흔적이 발견되었습니다. 저희들이 방문한 것은 3월 16일로 큰 피해를 입은 취락을 치우는 작업 등이 이루어지고 있어서 이와 같은 상황에서 본격적으로 흔적고를 조사하는 작업은 자숙하였습니다.

제 5 장

앞으로의 재난을 줄이기 위한 대책의 전개 - 구조물만으로는 인명을 구할 수 없다

1. 와세다대학의 복합 재해 연구의 전개

와세다대학에서는 권력과 시대의 추세에 좌우되지 않는 '학문의 독립'이란 입장에서 대학 스스로가 연구 자금을 준비하여 도호쿠 대지진의 복원을 위한 연구를 실시하고 있습니다. 저는 대학에서 연구비를 받아 도호쿠 지방 태평양 연안 지진 쓰나미의 피해분석과 복원전략이란 연구 주제로 제가 소장을 맡은 동일본 대지진 복원연구 거점·복합 재해 연구소를 설립하였습니다.

연구소에서는 주축이 되는 3개의 연구를 실시하고 있는데, 첫 번째는 사회환경공학과를 중심으로 한 방재 기반의 사회 건설과 지역 계획에 관한 연구로, 쓰나미 피해의 분석과 앞으로의 사회 기반 시설의 정비와 지역 부흥의 방향성에 대해 연구하고 있습니다.

두 번째 연구는 환경 진단과 대책 기술입니다. 쓰레기 더미 속에는 여러 가지 화학 물질이 포함되어 있어 이 화학 물질들이 환경에 흘러나올 가능성이 있습니다. 환경자원공학과의 가무라 가즈오香村一夫 교수가 중심이 되어 쓰레기 더미 속에서 흘러나올 가능성이 있는 오염 물질을 분석하고 있습니다. 쓰레기 더미의 처리 방법도 미리 생각해 두지 않으면 환경문제를 일으키게 됩니다. 또 처리 전의 쓰레기 더미는 단순한 쓰레기가 아니라 주민 개개인의 생활과 연관된 소중한 것도 함께 포함되어 있다는 것을 잊어서는 안 됩니다.

세 번째 중요한 연구는 사회과학 계통의 선생님들과 아시아태평양연구학과의 마쓰오카 슌지松岡俊二 교수님을 중심으로 한 복합 거대 위기의 원인·영향·대책·복원에 관한 연구입니다. 여기에서는 왜 원자력 발전소의 위험 요소가 확실하게 관리되지 못했는가, 위험 요소 관리를 확실하게 할 수 있는 체계적인 체제를 만들어야 하지 않는가라는 관점에서 연구를 하고 있습니다.

복합 재해 연구소가 주최하여 2011년 9월 15일부터 3일간에 걸쳐 실시한 대학원생과 학부 4학년생을 중심으로 약 50명(학생 대표는 제 연구실의 대학원생·오오타니 아키라大谷彬 군)이 실시한 와세다대학의 합동 조사에서는 토목, 건축, 지역 계획, 복원 지원 등 다양한 전공 분야의 학생들이 참여하여 산리쿠三陸의 리아스식 해안과 센다이仙台 평야의 낮은 평지를 대상으로 다각적인 검토를 할 수 있었습니다.

이 합동 조사를 통해 예를 들면 ① 강에 걸쳐지는 교량 구조물은 낮고 무거운 구조물일수록 피해가 적었다, ② 구조물의 장기적 보수를 생각하면 소규모라도 조속한 수선이 필요하다, ③ 피해 메커니즘을 명확히 하기 위해서는 쓰나미가 육상에 범람한 후에 되

돌아 흘러가는 물의 흐름〔戻り流れ〕을 수치 시뮬레이션으로 재현할 필요가 있다, ④ 가설 주택의 지역 사회 운영에 여러 가지 문제가 있어 조속한 대책이 필요하다 등의 사항이 명백해졌기 때문에 이 연구를 계속해 나갈 것입니다.

2. 쓰나미 방호 레벨과 쓰나미의 감재減災 레벨

일본의 쓰나미 연구자들은 이번 쓰나미의 발생 후에 쓰나미 합동 조사 팀을 결성하여 중복되지 않고 전체를 골고루 조사할 수 있도록 각각의 조사 지점을 조정하면서 쓰나미 피해 조사를 진행해 왔습니다. 조사 종료 후에 토목학회의 쓰나미 특정 테마위원회 회원들은 중앙 정부, 현청, 시군 등 행정기관의 쓰나미 대책 검토위원회에 골고루 참가하여 전문가들이 내놓은 방침에 따라 제언을 하고 있습니다. 저는 토목학회 해양개발위원회 위원장으로서 이 활동에 일익을 담당하고 있습니다.

쓰나미 연구자들 사이에서는 앞으로의 쓰나미 대책으로 두 가지 다른 레벨을 설치하여 대응할 것을 생각하고 제언하고 있으며, 그에 따라 행정 부분에서도 향후 대책에 대한 검토가 이루어지고 있습니다.

① 쓰나미 방호 레벨

구조물에 대응하는 쓰나미 레벨(해안 방호 시설의 설계에 이용하는 쓰나미 높이)을 말하는 것으로 재현 확률은 수십 년에서 수백 년에 한 번 정도의 쓰나미를 대상으로 하며 연안부의 자산을 지키고 주민이 쓰나미로부터 피난하는 것을 돕기 위해 쓰나미가 육상으로 침입하는 것을 억제하고 늦추는 것을 목표로 하고 있습니다. 자산을 지키기 위한 구조물이기 때문에 비용 편익 분석에 따라서 그 비용의 타당성을 검토할 수가 있습니다. 쓰나미 방호 레벨은 레벨Ⅰ이라고도 불립니다.

② 쓰나미 감재 레벨

피난 계획을 위한 쓰나미 레벨로 방호 레벨을 한참 뛰어넘는 쓰나미에서 인명을 지키기 위해 필요한 최대한의 조치를 실시합니다. 이번에는 장소에 따라 지금까지의 예상보다도 상당히 높은 침수고가 나타났기 때문에 근본적인 피난 계획을 새롭게 설정할 필요가 있습니다. 쓰나미 감재(재해를 줄이는 것) 레벨에서는 레벨Ⅱ 또는 최대 규모의 쓰나미라고도 불립니다.

3. 쓰나미 피해 예상의 재검토

현재 해안을 가진 전국의 도도부현(都道府県 : 일본 행정구획의 총칭)에서는 최근 약 5년 간에 작성된 쓰나미 해저드맵(긴급 대피 경로도)의 재검토를 실시하여 현県 레벨의 쓰나미 피해 예상을 재검토하는 작업을 진행하고 있습니다. 지금까지 일어날 확률이 낮다고 생각되어 방재 계획에 포함되지 않았던 지진에도 초점을 맞추어 쓰나미의 역사적 검토와 함께 쓰나미 예측 시뮬레이션의 파원 모델을 수정하여 닥쳐올 쓰나미의 예상 파고를 보다 높게 다시 설정할 필요가 있습니다. 역사적인 기록이 남겨져 있지 않은 지역에서는 시추(보링)를 통하여 과거에 쓰나미가 육상으로 범람하여 생긴 사니층(모래가 많은 진흙층)을 발견하여 쓰나미의 역사를 재구축할 필요도 있습니다.

학문적인 입장에서 보면 조사 방법의 고도화와 정밀화, 활동적인 연안 방재 전문가의 출현, 수치 예측 방법의 진보로 최근의 연안 피해 과학은 고도화되어 가고 있으며, 재해의 예측 개념도를 지역별로 어느 정도까지 명확하게 만드는 것이 노력을 기울이면 가능한 정도가 되었습니다.

이때 주의해야 할 점이 두 가지 있습니다. 첫 번째로 세계 또는 일본 전체의 시점과 각 지역의 시점이 다르다는 것입니다. 예를 들어 해일 재해의 경우에는 태풍의 진로에 따라 각 지역마다 해일 외력의 크기가 다르기 때문에 지역의 감재를 위해서는 그 지역의 관점에서 시나리오의 설정이 필요하게 됩니다. 도쿄도와 요코하마시 또 가마쿠라시鎌倉市에서는 큰 해일, 높은 파도의 피해를 발생시키는 태풍의 진로가 다르기 때문에 각각의 지역마다 시나리오의 설정이 필요하다고 하는 것입니다.

이와 마찬가지로 쓰나미의 경우에도 지진에 의한 쓰나미의 파원 지역을 어떻게 설정할 것인가에 따라 지역으로 밀려오는 쓰나미의 높이가 크게 변하게 됩니다. 일본 전체로 보면 도카이, 히가시난카이, 난카이 지진의 세 지역 연동형이 최대의 당면 과제입니다만, 또 한편으로 쇼난 해안에서 보면, 겐로쿠元禄 간토関東의 지진형 쓰나미, 게이초慶長의 지진형 쓰나미, 메이오 도카이의 지진형 쓰나미가 최대의 관심사고, 도쿄의 바다에 인접한 곳은 게이초 지진형 쓰나미, 도쿄만 북부(직하형) 지진 쓰나미, 미우라三浦 반도 단층군-가모가와鴨川 저지低地 단층 지진 쓰나미가 최대의 관심사가 되었습니다.

두 번째로 지역의 재해 개념도를 점차 과학적·기술적인 근거를 가지고 밝힐 수 있게 되었기 때문에 앞으로 이것에 대한 유효한 대응책을 강구하지 않을 경우에는 행정 부분과 학계에 당연히 해야 할 일을 하지 않았다는 책임을 묻게 될 것으로 예상됩니다. 다시 말하면 예측되는 피해를 경제적, 사회적인 조건 때문에 방치하는 것은 용납되지 않으며 충분한 과학적인 근거에 따른 방재 검토 결과를 대학과 학계의 입장에서 조속히 사회에 전달하는 것이 앞으로는 특히 중요해질 것입니다.

예를 들면 사가미만相模湾, 도쿄만에서도 지금까지 가볍게 생각했던 쓰나미의 위험성을 재검토하고 있습니다. 제가 쓰나미 침수 예상 검토부 회장을 역임하고 있는 가나가와神奈川 현청의 경우는 지금까지 겐로쿠 간토 지진(1703년)을 최악의 쓰나미 이미지로 생각하고 있었습니다만, 그것을 시뮬레이션 모델로 재현해도 가마쿠라 대불大仏까지 쓰나미는 도달하지 않습니다. 그러나 메이오 도카이의 지진 쓰나미(1498년) 때는 대불까지 쓰나미가 밀려왔다고 하는 고문서의 기록이《가마쿠라鎌倉 대大일기》의 기술 등에 남아 있습니다. 수치 시뮬레이션에 의한 검토에서는 도카이 지진이 현재의 지진 예측보다도 바닷가 쪽에 파원이 이동하였을 경우에 가마쿠라 대불까지 쓰나미가 도달할 가능성이 있습니다. 현재 예상으로는 도카이 지진이 시즈오카현静岡県 연안 근처에서 일어난 것으로 되어 있기 때문에 가나가와현神奈川県의 지금까지의 방재 계획 속에는 메이오 도카이형 지진 쓰나미는 포함되어 있지 않습니다. 그러나 500년 정도 전에 쓰나미가 가마쿠라 대불까지 밀려왔을 가능성이 지적되고 있기 때문에 쓰나미의 규모와 파원의 위치를 재검토하지 않으면 안 될 것입니다.

도쿄만의 안쪽에 대해서는 지금까지 만의 바깥쪽에서 내습한 쓰나미로 겐로쿠 간토의 지진 쓰나미(만 안쪽의 침수고 2-3미터), 만의 안쪽에서 발생한 쓰나미로 도쿄만 북부의 지진 쓰나미(침수고 1-2미터)를 예상하고 있었습니다만, 이제부터는 만 바깥쪽에서 내습하는 쓰나미로 메이오 도카이 지진형 쓰나미와 게이초 지진형 쓰나미를 포함시키고, 만 입구에서 발생하는 쓰나미로 미우라 반도 단층군과 보소房総반도 가모가와 저지 단층군과 연동한 경우도 포함시키려고 합니다.

제 연구실의 대학원생인 오히라 코이치로大平幸一郎 학생이 담당한 도쿄만 북부의 지진 쓰나미의 수치 시뮬레이션에 의하면 도쿄만의 안쪽은 매립지로 둘러싸여 있어 직립 상태의 해안 호안이 많기 때문에 쓰나미가 이들 호안에서 에너지를 보존한 채로 완전 반사하여 몇 번이고 해안을 덮치게 됩니다. 그 경우 운하로 남아 있는 수면의 복잡하고 촘촘한 지형 때문에 파도의 중합과 수로가 점차 촘촘해짐으로써 쓰나미의 에너지가 밀도를 높여 국소적으로 쓰나미의 높이가 높아지는 장소가 나옵니다. 더욱이 매립지의 특성상 지반의 액상화, 측면 유동 등에 의해 지반 침하가 일어난 후에 쓰나미가 밀어닥치게 됩니다. 또 도쿄만의 경우에는 방조제의 바깥쪽(제외지堤外地라고 부릅니다)에 항구의 시설이 집중되어 있어 주간에는 일하는 사람이 많습니다. 그 사람들의 피난 장소를 확보하는 것도 중요한 과제입니다. 또 직하형 지진의 경우에는 만의 연안 지역에 단층이 있기 때문에 지진이 발생했을 때, 그 위에 구축된 방조제와 방조 수문의 기능을 어떻게 확보할 것인가와 같은 문제도 있습니다.

4. 쓰나미 예상의 한계

지금까지는 지진 연구자, 쓰나미 연구자, 시정市町 방재 담당자들은 각각의 분야에서 각자의 일을 진행하고 있었습니다. 쓰나미 연구자는 지진 연구자가 내놓은 결과에 의존하고, 방재 담당자는 쓰나미 연구자의 결과를 그대로 받아들여 왔습니다. 그러나 이번 도호쿠 지진 쓰나미는 사전에 피난 계획에 전제되어 있던 사항보다 훨씬 더 컸습니다. 쓰나미 연구자가 지금까지 지진학자가 제시한 예측과 모델에만 너무 의존해 왔다는 반성도 나왔습니다. 이제부터는 쓰나미 연구자의 입장에서 과거에 쓰나미가 일어났던 메커니즘과 지층에 남아 있는 쓰나미의 역사를 독자적으로 조사하여 쓰나미에 대한 예측을 해 나갈 필요가 있다고 생각합니다.

지금까지 지역이 쓰나미 방재 계획을 세운 경우를 예를 들어보면 판plate 내의 지진에 대해 지진학자는 시추해서 어떤 단층을 조사하면 그 단층이 언제 움직였는지 알 수 있기 때문에 다음에는 어느 정도의 가능성으로 언제 지진이 일어날 것인가를 예측합니다. 또 한 곳을 시추하면 새로운 증거가 발견되기 때문에 예측이 변합니다. 지진의 예측이 짧은 기간에 변하는 것입니다. 쓰나미 연구자는 왜 이와 같이 계속 변하는지를 의문으로 생각해 왔습니다. 즉 지하는 잘 알지 못하기 때문에 한 곳을 조사할 때마다 나오는 새로운 의견에 대응하지 않으면 안 된다고 생각하는 일이 지금까지 반복되어 왔습니다.

그러나 이와 같은 방법으로는 지금까지와 같이, 예상치 못한 지진이 갑자기 발생하게 될 것입니다. 판plate 간의 지진에 대해서도 이번 도호쿠 지진 쓰나미에서 그렇게 남쪽 지방까지 해저 지각이 무너져 버릴 줄은 아무도 생각하지 못했던 것처럼 이제는 지진 예측의 신뢰성을 다시 한 번 생각할 필요가 있습니다.

지진의 예측뿐만 아니라 쓰나미 시뮬레이션도 여러 개의 가정이 포함되어 있어 결과로 나오는 쓰나미 예측에도 모호함이 포함되어 있습니다. 지형도 어느 정도 대략적인 지형을 이용하여 계산하기 때문에 각각의 지역에 대한 상세한 쓰나미의 예측치에는 불확정적인 요소가 포함되어 있습니다. 위와 같은 사실 때문에 쓰나미 예상치에는 불확정적인 부분이 포함되어 있어 그것을 이해한 후에 예상치를 채택할 필요가 있다는 것을 알았습니다.

그러면 예상치에 얽매이지 않고 그것을 뛰어넘는 쓰나미가 내습한 경우에도 대응 가능한 피난 계획을 미리 작성해 놓은 것을 어떻게 하면 실현할 수 있을까요? 이번 도호쿠 지진 쓰나미가 주는 최대의 경고는 예상치를 설정하여 피난 계획을 세웠지만, 그 수치를 넘었을 때에는 괴멸적인 일이 일어나 버린다는 점입니다. 앞서 소개한 미나미산리쿠초南三陸町의 쓰나미 피난 빌딩도 쓰나미가 조금만 더 높았더라면 위험할 뻔했습니다. 옥상의 71센티미터 높이까지 물이 들어왔기 때문에 1미터만 더 높았더라면 위험했을 것입니다. 예상을 뛰어넘었을 때에 무슨 일이 일어날 것인가 하는 예측력도 이번 경험 덕분에 형성되었기 때문에 이를 방재 계획에 확실하게 반영해야 할 필요가 있습니다.

5. 피난 방법과 피난 장소

이번 쓰나미에서는 방파제와 방조제 등과 같은 구조물에 의지하는 것만으로는 인명을 구하기는 어렵다는 사실이 확실해졌기 때문에 시정촌市町村 레벨에서는 피난 계획의 수정이라는 소프트웨어 면에서의 대책도 진행 중입니다. 지금까지 쉽게 피난할 수 있는 장소를 대충 '철근 콘크리트 건물의 3층 이상'이라고 생각하던 것을 이번 피해를 바탕으로 지역에 따라서는 6층 또는 7층 이상으로 수정할 필요가 있습니다. 육상으로의 범람이 예측되는 지역에서는 그 주변에도 피난 지역을 확대하고 또한 예측된 쓰나미보다 실제 쓰나미가 높고 빠른 경우에도 대응할 수 있도록 피난 장소의 높이와 피난하

표 5-1. 피난 장소 분류

유형	개요
A	뒤쪽에 표고가 높은 배후지를 가진 언덕
B	견고한 7층 이상의 건물 또는 20미터 이상의 지반 높이를 가진 언덕(쓰나미가 내습해 왔을 경우에 고립되기 쉽기 때문에 더욱 수위가 높아졌을 때는 위험해진다)
C	견고한 4층 이상의 건물(쓰나미의 규모에 따라 수몰될 수도 있다)

는 동안의 충분한 안전성을 확보할 필요도 있습니다.

피난 계획의 책정에 있어서는 피난 장소의 선정을 지역의 특성에 맞추어 적절히 선정할 필요가 있으며 예상치를 뛰어넘는 경우에 대해서도 시스템을 유지할 수 있도록 설계할 필요가 있습니다. 앞서 언급한 것과 같이 쓰나미의 예상치는 반드시 어느 정도의 불확정성을 동반하기 때문에 '쓰나미의 높이를 미리 엄밀하게 설정하지 않더라도 피난 계획을 세울 수 있는가'와 같은 행정상의 질문을 받는다면 다음과 같이 대응하려고 생각하고 있습니다.

시정市町이 처해 있는 지형 조건을 장소별로 분석하여 〈표 5-1〉과 같이 피난 장소를 분류하여 설정합니다. 그때 카테고리 A는 절대 안전한 장소이고 뒤쪽에는 표고가 높은 배후 지역을 가진 언덕입니다. 다로田老 지구의 피난 장소인 아카누마산赤沼山과 가마이시釜石의 덴노우산天王山 입구가 그와 같은 장소입니다.

유형(A, B, C)에 따라 지정하고, 주민은 쓰나미 내습 상황, 시간적인 여유에 따라 피난 장소를 선택한다.

카테고리 A는 더 높은 뒤쪽 언덕을 가진 언덕으로 먼저 아카누마산赤沼山과 덴노산天王山 입구로 도망가고 그래도 쓰나미가 올 것 같으면, 그 뒤로 도망갈 수 있는 장소를 말한 것입니다.

카테고리 B는 견고한 7층 이상의 건물이나, 20미터 이상의 지반이 높은 언덕입니다. 이 경우에는 쓰나미가 왔을 때는 고립될 가능성이 있습니다. 수위가 높아져 더 이상 도망가고 싶어도 거기에 있을 수밖에 없는 경우가 카테고리 B의 경우입니다.

카테고리 C는 견고한 4층 이상의 건물입니다. 이것은 최악의 경우에 수위가 옥상을 넘을지도 모른다는 위험이 있지만, 다른 곳으로 도망갈 곳이 없을 때 도망갈 장소로 정해 둡니다. 신뢰도 카테고리에서 A, B, C가 어느 정도 비율의 사람이 시간 내에 각 카테고리에 도망갈 수 있는가라는 관점으로 정리해 보았습니다.

이러한 관점에서 긴급 검토를 해 보았습니다. 예를 들면 항구의 부두 부분은 주거 지역이 아니기 때문에 밤에는 사람이 없지만, 낮에는 창고회사나 운송회사의 사무소가 있어서 많은 사람이 있습니다. 이러한 곳에는 적당한 피난 장소가 없습니다. 카테고리 C밖에 없는 장소가 있기 때문에 A, B, C의 분류로 보면 현재 상태로는 도망갈 수 있는 장소가 없을 수도 있다는 것을 알 수 있었습니다.

이런 분류에 대해 이야기하자 어떤 쓰나미 연구자는 "시바야마柴山 씨가 살고 있는 도시가 도쿄, 요코하마, 쇼난이기 때문에 7층 건물은 얼마든지 있겠지요. 하지만 우리 지역은 그렇지 않습니다"라고 말하였습니다. 전국적으로 생각해 보면 장소에 따라 가능한 곳과 그렇지 않은 곳이 있을 것입니다.

앞에서도 언급한 것과 같이 쓰나미 감재 레벨에 대응할 수 있는 최대 규모의 쓰나미를 결정하는 것은 어려운 작업이 될 것입니다. 그러면 바로 할 수 있는 것은 피난 장소가 어디에 있는지를 A, B, C로 분류하여 찾은 후에 주민의 안전을 도모할 수 있는가를 확인하는 것입니다. 피난 장소가 되는 카테고리 A의 언덕이 있는지를 먼저 검토하고, 다음으로 B, C는 우선 가장 가까운 피난할 장소지만, 모든 경우에 안전한지 어떤지는 알 수 없다는 점 등에 주의해 가며 지역의 구체적인 장소를 찾아 가는 작업을 진행하려고 생각하고 있습니다.

이번 쓰나미 재해는 도호쿠東北 지방에서는 수백 년에 한 번 일어날까 말까 하는 정말 큰 재해였습니다. 저를 포함한 연안 방재 전문가들에게 있어서도 이 정도의 재해가 일본에서 일어날 수 있다는 것을 구체적으로 예측하기는 힘들었습니다. 연안 지역의 부흥에는 많은 어려움이 있을 것입니다만, 현지의 부흥을 도모하고 각 지역의 방재전략을 세우는 방법을 제시하는 것이 연안 방재전문가의 책무라고 생각합니다.

앞으로의 쓰나미 대책을 어떻게 할 것인가에 대해서 이와테岩手, 미야기宮城, 후쿠시마福島 3현을 시작으로 일본 전국에서 주민, 행정 담당자, 전문가 등을 구성원으로 하여 합의 형성을 위한 회의를 개최하려고 합니다. 지금까지 공공사업의 합의 형성 자세를 되돌아보면 1990년대 후반부터 현재에 이르기까지 일본 회사에 있어서 공공사업에 대한 자리매김과 사업의 집행 과정에 있어서의 일의 진행 방법이 크게 변화되었다는 것을 알 수 있습니다(시바야마柴山, 1996). 특히 지금까지의 전문가 집단 내에서 폐쇄적인 형태로 수행되어 온 사업의 기획, 입안이 이제는 입안 단계에서부터 지역 주민과 그곳에서 생활하고 있는 사람의 요구를 반영하고, 사업의 필요성을 경제학과 사회학 등의 시선으로도 국민 전체에 충분히 설명

할 것을 요구하고 있습니다. 이러한 변화는 일본 회사에 있어서 포스트모던의 조류와 그에 따른 공공사업의 집행에 대해 사회적인 문맥의 변화에 따라 전문가에게 요구되는 사회적인 기능이 변화되었다고도 할 수 있습니다(시바야마柴山, 2004). 도호쿠 대지진이 일본 사회에 안겨 준 충격 때문에 전문가의 사회적 역할의 중요성이 강조되었고, 이와 같은 변화를 더욱 더 가속화시키게 되었습니다.

쓰나미 연구자에게 있어서도 재해를 계기로 더욱 급격하게 변화될 것이라고 생각되는 크로스오버 사회(한 사람의 인간이 전문가, 지역 주민, 방재 계획의 실천자 등 복수의 사회적인 역할을 할 것을 요구받는 사회)로의 변화에 대응하고, 사회 자체의 기능을 재고하며 사회가 기대하는 역할을 수행해 나가는 방법을 재구축할 시기가 온 것입니다. 전문가에게 요구되는 것은 '안전 신화'를 만들어 내기 위한 이론 체계의 구축이 아닌 예측의 불확실성을 포함한 감재 대책의 효과와 그 한계를 구체적으로 지역의 주민에게 설명하고, 과학기술의 신뢰성을 높여 가는 것이라고 생각됩니다. 재난을 계기로 전문가에 대한 믿음이 흔들리고 있는 사회로부터의 신뢰를 회복하기 위해서라도 앞으로 계속 노력해 가고자 합니다.

마지막으로 본 저서를 집필함에 있어서 필자와 협력하여 조사를 해 주신 여러분께 감사를 드립니다. 와세다대학의 연안 환경·방재(시바야마柴山) 연구실의 대학원생인 三上貴仁 군, 大平幸一浪 군, 大谷彬 군, 小門真喜人 군, 高畠知行 군, 高山靖史 군, 内田紗恵子 양, 星野さや香 양, 山尾祥 군을 비롯한 연구실의 학생 여러분들은 현지 조사와 데이터 정리에 대한 도움을 주었습니다. 또 예전에 필자의 연구실에서 박사 학위를 취득하고, 현재는 연안 방재전문가로 활약 중인 松丸亮 박사님(아이·알·엠 사장, 와세다 대학 비상근 강사), 高木泰士 박사님(도쿄공업대학 준교수), 鈴木崇之 박사님(요코하마 국립대학 준교수), Miguel Esteban 박사님(와세다대학 강사), Ioan Nistor 박사님(캐나다, 오타와대학 준교수), Nguyen Danh Thao 박사님(베트남 국립 호치민시 공과대학 상급 강사, 국제 부장), Ravindra Jayaratne 박사님(영국, 동 런던 대학 전임강사)께서도 적극적으로 공동 현지 조사에 참가하여 본 저서의 내용에 공헌해 주셨습니다. 본 저서의 기획·편집에 있어서는 와세다대학출판부의 金丸淳 씨, 伊東晋両 씨에게 큰 도움을 받았습니다. 또 제 아내인 柴山真琴 박사(오츠마 여자대학 교수)에게서는 집필 과정에서 많은 학문적인 도움을 받았습니다. 이상의 모든 분들께 감사드립니다.

〈지진재해 이후를 생각하다〉 시리즈 간행에 부치는 와세다대학 출판부의 발간사

2011년 3월 11일 발생한 동일본대지진은 거대 지진과 쓰나미에 원전사고가 복합적으로 작용하여 인간의 상상을 초월하는 피해를 초래하였으며 그 충격은 전 세계를 경악시켰습니다. 이번 재해는 사람들의 사고방식과 행동 그리고 전제가 되는 제도에 대해 되묻는 계기가 되었고, 개인·조직·사회의 모든 면에 걸친 새로운 연구와 지식창조를 요구하는 사건이기도 하였습니다.

이러한 상황 아래, 일본을 대표하는 지적 공동체인 와세다대학에서는 지체 없이 부흥지원을 위한 여러 가지 행동을 취하였고, 동일본대지진 부흥연구 거점을 설립하였습니다. 또한 자원봉사자 파견을 비롯하여 재해 관련 연구와 이를 지원하기 위한 프로젝트를 활발히 전개해 나갔습니다.

와세다대학 출판부는 지식의 창조·보급·보존이라는 대학의 사명을 실현하기 위해 힘을 보태고자, 새로운 시리즈로서 와세다대학 Booklet 〈지진재해 이후를 생각하다〉의 간행에 착수하였습니다. 이 기획은 대진재의 참극을 딛고 일어서야 할 이재민들의 생활과 그들을 지원하는 활동, 그리고 이를 지지하는 연구 속에서 새로운 지식의 탄생을 모색하여, 그것을 관찰→분석→설명→행동…의 모든 단계에서 가능한 한 실시간으로 널리 사회에 제공하고자 하는 것입니다.

지식창조에는 완성이라는 것이 없고 늘 다음 단계의 과제를 향하게 마련입니다. 그런 까닭에 이 시리즈는 잡지의 기동성과 서적의 체계성을 겸비한 경쾌한 소책자 형태를 선택하였습니다. 또, 전문가와 실무자·시민·학생 등 각 계층이 읽기 쉽도록 편집하였고, 아울러 와세다대학이 포함하는 광대한 분야에 걸맞게 여러 가지 영역의 연구·지원 활동의 성과가 수록되었습니다. 후일 재해 극복과 부흥의 이야기들이 기쁨으로 회자될 때, 우리는 이러한 업적이 축적되어 크나큰 지식으로 가득 찬 백과사전으로서 많은 사람들에게 읽히기를 기대합니다.

부디 이 프로젝트에 독자로서, 그리고 저자로서, 참가해 주시기를 부탁드립니다.

2011년 11월
와세다대학 출판부

■ 시바야마 도모야柴山知也

와세다대학 이공학술원 교수(사회환경공학과), 요코하마 국립대학 명예교수.
도쿄대학 공학부 토목공학과 졸업, 도쿄대학 조교수, 요코하마 국립대학 교수 등을 거쳐 현직.
저서《Coastal Processes》(World Scientific, 2009)
《건설기술자의 이론과 실천》(증보개정판/丸善, 2004)
《건설 사회학》(山海堂, 1996)
그 외 연안지역 방재에 관한 논문 다수 발표.

■ 양민호

전주대학교 인문과학종합연구소 연구교수
전주대학교 사범대학 일어교육과 졸업, 동국대학교 대학원, 도쿄외국어대학 대학원 석사를 마치고, 도호쿠대학 대학원 문학연구과에서 박사학위를 취득. 일본 국립국어연구소 외래연구원 등을 역임.
편저《외래어의 신전개 外来語の新展開》(おうふう, 2012)
편저《언어표현을 통해서 본 한일문화》(제이앤씨, 2009)

동일본대지진과 핵재난—와세다 리포트 2

3·11쓰나미로 무엇이 일어났는가

초판발행 1쇄 2013년 3월 11일

편저자 시바야마 도모야
옮긴이 양민호
펴낸곳 고려대학교출판부
www.kupress.com
kupress@korea.ac.kr
136-701 서울특별시 성북구 안암로 145
02-3290-4230, 4232
Fax 923-6311

찍은곳 내일기획

ISBN 978-89-7641-802-9 04330
ISBN 978-89-7641-800-5 (세트)

값 7,000원

* 잘못 만들어진 책은 바꿔드립니다.